Walter Lange

Als die Zeit nach Hause kam

Walter Lange

ALS DIE ZEIT NACH HAUSE KAM

Erinnerungen

Econ

Bei der vorliegenden Ausgabe handelt es sich um eine Neuauflage der erstmals im Jahr 2004 erschienenen Autobiografie von Walter Lange. Auf die von ihm selbst verfassten und inhaltlich nur geringfügig veränderten drei Kapitel folgt nun ein viertes, neues Kapitel, welches das Leben von Walter Lange würdigt. Diese Ergänzung stammt aus der Feder des Uhrensammlers, Fachjournalisten und Autors Gisbert L. Brunner, der Walter Lange erstmals 1976 traf und der ihm nach der Gründung der Lange Uhren GmbH 1990 in regelmäßigen Abständen begegnete. Die zuvor im Nachwort erschienenen Erinnerungen von Martin Huber sind in das neue Kapitel IV unter »Begegnungen hautnah« eingeflossen.

Bildnachweis:
Walter Lange
Lange Uhren GmbH
Isolde Fischer

FSC www.fsc.org
MIX
Papier | Fördert gute Waldnutzung
FSC® C014889

Econ ist ein Verlag der Ullstein Buchverlage GmbH, Berlin
1. überarbeitete Neuauflage 2024 (Erstausgabe 2004)

ISBN 978-3-430-21200-7

Gesetzt aus der 10p A. Lange & Söhne
Satz: Büro Beck, Kempten
Druck und Bindearbeiten: Druckerei Friedrich Pustet, Regensburg
Printed in Germany

Für meine Frau Jutta
und meinen Weggefährten
Günter Blümlein

Inhalt

Vorwort

»Sich beeilen nützt nichts. Zur rechten Zeit aufbrechen ist die Hauptsache.« Ob Walter Lange, dem Urenkel des Gründervaters der Glashütter Feinuhrmacherei, Ferdinand Adolph Lange, wohl diese Lebensweisheit des Dichters Jean de La Fontaine durch den Kopf ging, als er wie viele Millionen staunender Deutscher am Abend des 9. November 1989 die Öffnung der deutsch-deutschen Grenze vor dem Fernseher verfolgte? Die im Jahr 1961 errichtete Mauer hatte die Teilung Deutschlands zementiert und unzählige Familien getrennt. Mehr als achtundzwanzig Jahre später gingen die Bilder glückselig feiernder Menschen als Symbol für ein neues Zeitalter um die Welt.

Der Fall der Berliner Mauer ebnete nicht nur den Weg zur deutschen Wiedervereinigung, sondern auch zur Wiederbelebung der Lange'schen Uhrmachertradition in Glashütte. »Einer der wichtigsten und wohl auch schönsten Tage meines Lebens war der Tag der Maueröffnung. Nie hätte ich gedacht, solche Szenen und später die Wiedervereinigung noch zu erleben. Sofort waren meine Gedanken bei den Menschen in meiner Heimatstadt Glashütte«, erinnerte sich Walter Lange, damals bereits im wohlverdienten Ruhestand, an diesen Abend. Den Traum, das Familienunternehmen in Glashütte neu zu gründen und zu alter Größe zurückzuführen, hatte er nie aufgegeben. Nach dem Zweiten Weltkrieg, in dem er als junger Soldat an der Ostfront schwer verletzt wurde, half der Meisteruhrmacher noch tatkräftig beim Wiederaufbau in Glashütte und schmiedete mit seinem Vater Rudolf und seinem Onkel Otto Pläne für ein neues Armbanduhrenkaliber, bevor die weltberühmte Marke 1948 durch die sozialistischen Machthaber enteignet wurde und er kurz darauf in den Westen fliehen musste.

Als die Geschichte vierzig Jahre später die Chance für einen Neuanfang bot, zögerte Walter Lange nicht eine Sekunde. Am 7. Dezember 1990, nur wenige Wochen nach der Wiedervereinigung und genau hundertfünfundvierzig Jahre, nachdem sein Urgroßvater die Manufaktur in Glashütte gegründet hatte, meldete er die Lange Uhren GmbH an und registrierte erneut den Markennamen A. Lange & Söhne. Tatkräftige Unterstützung bei seinem ambitionierten Ziel, wieder »die besten Uhren der Welt zu bauen«, erhielt er durch den charismatischen Branchenexperten Günter Blümlein. Nach einer Rekordzeit von knapp vier Jahren präsentierten sie am 24. Oktober 1994 im Dresdner Residenzschloss die ersten vier Uhrenmodelle der Neuzeit, darunter die Lange 1. Durch die Verbindung traditioneller sächsischer Feinuhrmacherei mit technischen Innovationen setzte die neue Kollektion Maßstäbe und markierte den Beginn einer neuen Ära für die Manufaktur, die einst Weltruf besessen hatte. Die Fachwelt und Liebhaber meisterlicher Uhrmacherkunst waren auf Anhieb begeistert. »Die Legende ist wieder Uhr geworden!«, titelte die erste Anzeige, und die internationale Presse berichtete am folgenden Tag ausführlich über die »Exoten aus Sachsen«.

Mit der Neubelebung der glanzvollen Tradition seiner Vorfahren hatte der damals Sechsundsechzigjährige jedoch nicht nur das eigene Unternehmen im Blick, sondern auch das Wohl seiner Heimatstadt und deren Bewohner. Im Kontext von Wirtschaftlichkeit und gesellschaftlichem Engagement war ihm die Sicherung ihrer Existenz durch eine wettbewerbsfähige Industrie, die Arbeit und Auskommen versprach, ein persönliches Anliegen. Mit seinem Verständnis von Unternehmertum und philanthropischem Handeln gelang dem Pionier moderner Glashütter Uhrmacherei dabei ein herausragender Beitrag zum erfolgreichen Neu- und Wiederaufbau in den neuen Bundesländern. Für seine besonderen Verdienste um die sächsische Uhrenindustrie wurden Walter Lange die Ehrenbürgerwürde der Stadt Glashütte, der Sächsische Verdienstorden und das Bundesverdienstkreuz verliehen.

Der Mann, der in vierter Generation antrat und bei vielen offiziellen Veranstaltungen die Marke bis ins hohe Alter repräsentierte, bezeichnete sich humorvoll als »den Lange zum Anfassen«. Er hatte viele Facetten, mit denen er seine Zeitgenossen begeisterte. Walter Lange war durch seine Erfahrungen im Krieg überzeugter Pazifist und verstand sich als liberaler Weltbürger. Er liebte das Reisen und interessierte sich für fremde Kulturen, kehrte aber immer wieder gern in die Heimat zurück. Trotz seines Erfolges blieb er bodenständig und - wie einst auch sein Urgroßvater - bescheiden. Seinen Mitmenschen begegnete er stets auf Augenhöhe und verwies oft auf das »Quäntchen Glück«, das ihm in entscheidenden Momenten seines Lebens beschert wurde. Er war vielseitig interessiert, erzählte gern aus seinem Leben und dem seiner Familie, hörte aber auch aufmerksam zu. Besonders am Herzen lagen ihm die jungen Uhrmacherinnen und Uhrmacher, deren Werdegang er interessiert verfolgte. Unter seiner Ägide begann das Unternehmen bereits 1997 damit, wieder Lehrlinge auszubilden. Mit der Gründung einer Uhrmacherschule wurden damals auch die Weichen für die erfolgreiche Zukunft des noch jungen Unternehmens und des Handwerks in der Region gestellt. Die spezielle Verbindung aus Empathie, unternehmerischer Verantwortung und sozialem Engagement, die in der Familie Lange von Generation zu Generation weitergegeben wurde und die er bis zuletzt vorlebte, ist bis heute der Kern unserer Unternehmenskultur. Sowohl als Mensch als auch als Vertreter einer weltberühmten Uhrmacherfamilie ist Walter Lange, der am 17. Januar 2017 im Alter von zweiundneunzig Jahren nach einem erfüllten Leben verstarb, für unsere Mitarbeiterinnen und Mitarbeiter in aller Welt eine starke Identifikationsfigur.

Daher hoffe ich, dass die Neuauflage seiner Erinnerungen aus doppeltem Anlass - angesichts seines hundertjährigen Geburtstags und des dreißigjährigen Jubiläums der ersten Kollektion der Lange-Neuzeit - auch in der Zukunft inspirierend wirkt. Ganz im Sinne des Grandseigneurs der Glashütter Uhrenindustrie, für den Erfolg stets ein Ansporn für neue Leistungen war und der mit Zuversicht und Freude nach vorne blickte. Nicht umsonst stellte er an sich den gleichen Anspruch wie an eine mechanische Uhr - niemals stehen zu bleiben. Mit diesem Leitmotiv inspirierte er nicht nur seine Zeitgenossen, sondern verlieh seinem unternehmerischen Vermächtnis eine persönliche Prägung, die noch immer Bestand hat. So schließt sich der Kreis zwischen Herkunft und Zukunft, zwischen Tradition und Innovation. »Solange unsere Uhrmacher danach streben, die besten Uhren der Welt zu bauen, ist die Marke auf dem richtigen Weg«, davon war er überzeugt, und dieser Überzeugung schließe ich mich gern an.

Wilhelm Schmid, Geschäftsführer
Glashütte, im Juni 2024

I. Der Neubeginn im »wilden« Osten

Lange ist wieder da

Oktober 1994. Keine gute Zeit im Osten Deutschlands. Von den versprochenen »blühenden Landschaften«, eine vom damaligen Bundeskanzler Helmut Kohl geprägte Formulierung, die die rosigen Aussichten der neuen Bundesländer umschreiben sollte, ist weit und breit nichts zu sehen, auch nicht bei uns im Müglitztal rund um Glashütte. Die Lage in den neuen Bundesländern ist dramatisch. Seit der Wiedervereinigung und vor allem seit der zum 1. Juli 1990 eiligst eingeführten Wirtschafts- und Währungsunion sind die Ostmärkte komplett weggebrochen. Ob Werften an der Ostsee, die chemische Industrie in Sachsen, die landwirtschaftlichen Betriebe oder die von der ehemaligen DDR hochgepäppelte Elektronik: Im Grunde läuft nichts mehr. Die Ostbetriebe, deren Produktivität im Vergleich zu ihrer westlichen Konkurrenz bei bestenfalls fünfzig Prozent liegt, können sich im rauen Wettbewerb auf den Weltmärkten nicht behaupten. Es ist wie ein Rennen Trabi gegen Mercedes, und so geht es auch aus: Pleitewellen rollen durch das Land, bald hängen ganze Regionen am Tropf, viele Menschen kämpfen verzweifelt und allzu oft vergeblich um ihre Arbeitsplätze. Die Arbeitslosenzahlen klettern auf immer neue, dramatische Rekordhöhen. Tiefe Hoffnungslosigkeit macht sich breit, denn eine Gesundung der Wirtschaft, ein Aufschwung und neue Jobs sind nicht in Sicht. Die *Berliner Treuhandanstalt*, die den Übergang der sozialistischen Planwirtschaft in die Marktwirtschaft steuern soll, vermag gegen die rasante Talfahrt kaum etwas auszurichten. Im Gegenteil, zu oft trägt sie leider nur dazu bei. Die Rosinen der ostdeutschen Wirtschaft sind schnell verkauft, der Rest wird »abgewickelt«. Nicht ohne Friktionen und Skandale, wie die Menschen in den neuen Bundesländern bitter erfahren müssen. Aber es wäre zu einfach, die Schuld an dem wirtschaftlichen Desaster allein der Treuhand anzulasten. Doch so viel steht fest: Die Zeit nach der Wiedervereinigung war auch die Zeit grober politischer Fehleinschätzungen und die von Zockern, Absahnern und gerissenen Geschäftemachern, die im »wilden Osten« Millionen auf die Seite schafften.

Angesichts dieser dramatischen Entwicklung stellten wir uns in Glashütte bei der *Lange Uhren GmbH* natürlich besorgt die Frage: Was wird nun aus uns, was wird aus unserem Unternehmen, das sich kein geringeres Ziel gesteckt hatte, als an die große, damals nahezu hundertfünfzigjährige Tradition von A. Lange & Söhne anzuknüpfen? Eine spannende, ja existenzielle Frage. Denn endlich war der Zeitpunkt gekommen, die ersten Uhren, die wir nach der Wende entwickelt hatten, zu präsentieren. Doch wie würde die Öffentlichkeit reagieren, wie die Fachwelt? Fast vier Jahre hatten wir hart gearbeitet, nicht selten unter äußerst beschwerlichen Bedingungen. Wir hatten die Produktionsanlagen aufgebaut, ein Gebäude saniert, Technologien entwickelt, neue Fachkräfte angeworben und sie entsprechend den hohen Zielen, die wir uns gesteckt hatten, weiter ausgebildet. Und vor allem hatten wir unter enormem Zeitdruck vier neue Uhren entwickelt. Der ehrgeizige Maßstab dabei war die große Tradition des Unternehmens, die uns zu höchster Präzision und Qualität verpflichtete.

Da lagen sie nun auf dem Präsentiertisch unter den kritischen Augen der elf renommiertesten Juweliere aus Deutschland, Österreich und der Schweiz, die wir zu uns nach Glashütte eingeladen hatten. Darunter die »Lange 1«, gewissermaßen unser Entree, unser Standard, wenn man bei einer derart exklusiven Uhr diesen Begriff überhaupt verwenden kann. Doch was die Qualität und ihre mechanischen Elemente betrifft, sollte die Lange 1 tatsächlich den Standard unserer Uhren dokumentieren - eine bis dahin noch nie gebaute Herrenarmbanduhr in Gold oder Platin, mit dezentraler Stundenanzeige, kleiner Sekunde, Gangreserveanzeige und mit der weltweit einzigartigen, inzwischen vielfach kopierten Großdatumsanzeige. Das zweite Modell, die »Arkade«, eine Damenarmbanduhr, war ebenfalls mit dem Lange-Großdatum ausgestattet und entsprach selbstverständlich auch den hohen qualitativen und mechanischen Ansprüchen, die wir uns gestellt hatten. Bei der »Saxonia«, dem dritten Modell, das wir vorstellen konnten, handelte es sich um eine schlichte Golduhr mittlerer Größe mit Stunden- und Minutenanzeige, kleiner Sekunde und dem Großdatum. Wir wählten für dieses Modell bewusst den stolzen Namen Sachsens und damit des Landes, das schon bei allen früheren Uhren von A. Lange & Söhne auf dem Zifferblatt mit der bekannten Abkürzung *»i/SA«* - »in Sachsen« - ausgewiesen war. Und schließlich präsentierten wir den Juwelieren das Tourbillon »Pour le Mérite« (dt.: für das Verdienst), den Superlativ der Kollektion, die wir seinerzeit vorstellen konnten: ein Meisterstück, das über eine Reihe außergewöhnlicher feinmechanischer Elemente verfügte, die bis dahin noch in keiner Armbanduhr realisiert worden waren.

Natürlich waren wir von unseren Uhren überzeugt, schließlich hatten hoch qualifizierte Fachleute mit großer Leidenschaft und Hingabe daran gearbeitet. Aber dennoch fiel mir der sprichwörtliche Stein vom Herzen, als ich begriff, wie die Experten auf unsere Uhren reagierten. Ich bin überzeugt, ich werde Ähnliches nicht wieder erleben. Normalerweise ordern Konzessionäre verdeckt, kühle Rechner auch, die sich von ihren Wettbewerbern nicht gern in die Karten schauen lassen. Doch angesichts der »nur« 123 Uhren, die wir ihnen zu diesem Zeitpunkt anzubieten hatten, gaben die Herren ihre sonst übliche Zurückhaltung auf. Ihr Urteil über die Lange 1, Arkade, Saxonia und das Tourbillon »Pour le Mérite« fiel geradezu euphorisch aus und sie orderten entgegen jeder Gewohnheit offen. Und zwar so viele Stücke, wie wir ihnen zuteilen konnten. Gerecht sollte es dabei zugehen, schließlich sollten die Juweliere, ausnahmslos erste Adressen, mit ihrem Renommee künftig für den Namen Lange und für unsere Uhren werben. Da sich 123 nun beim besten Willen nicht gerecht aufteilen ließen, musste das letzte Stück per Losentscheid zugeteilt werden - das kürzere Ende eines Streichholzes gab schließlich den Ausschlag über den weiteren Weg eines Tourbillons.

Wir hatten auf einen Schlag alle bislang produzierten Uhren in den Handel geben können. Damit hatten wir nicht gerechnet. Es hätte nicht besser laufen können. Und natürlich war das Urteil der Juweliere, die als professionelle Kenner den Wert exklusiver Uhren bestens einzuschätzen wissen, ein mehr als ermutigendes Omen für den übernächsten Tag, den 24. Oktober 1994, an dem wir unsere Kollektion der Presse vorstellen wollten. Die Präsentation sollte in einem Rahmen stattfinden, der einerseits der großen Lange-Tradition und der sächsischen Uhrmacherkunst gerecht wurde, andererseits aber auch den Aufbruch in eine neue Zeit markieren sollte. Mir kam deshalb die Idee, die Presse und die prominenten Persönlichkeiten aus Politik und Wirtschaft, die wir erwarten konnten, in den Dresdner Schlossturm einzuladen, genauer: in die Wohnung, in der einst Johann Christian Friedrich Gutkaes gelebt hatte. Gutkaes war ein begnadeter Uhrmacher gewesen, der unter anderem die berühmte digital anzeigende Fünf-Minuten-Uhr gebaut hatte, die über der Bühne der 1841 eingeweihten Dresdner Semperoper angebracht wurde. Die beiden Fenster dieser Uhr dienten als Vorbild für das Großdatum der heutigen Lange-Uhren. 1842 gelangte Gutkaes zu großen Ehren: Er wurde zum königlich-sächsischen Hofuhrmacher ernannt, kontrollierte in dieser Funktion den offiziellen Zeitdienst und erhielt Wohnrecht im Dresdner Schlossturm. Aber Gutkaes war nicht nur Hofuhrmacher, er war auch Lehrmeister, Geschäftspartner und schließlich Schwiegervater meines Urgroßvaters Ferdinand Adolph Lange, der 1845 in Glashütte die Traditionsmarke A. Lange & Söhne gründete und damit den Grundstein für die Glashütter Uhrenindustrie legte. Somit ist Johann Christian Friedrich Gutkaes fest in der Lange-Tradition verwurzelt, und seine einstige Wohnung im Dresdner Schlossturm wäre zweifellos eine hervorragende Umgebung für die Präsentation der ersten Lange-Uhren der Neuzeit gewesen.

Doch Dresden im Herbst 1994 war eine Stadt im Aufbruch und in vielerlei Hinsicht ein Provisorium. Die großartigen historischen Bauwerke befanden sich in einer ersten Wiederaufbauphase. Das Residenzschloss und das Taschenbergpalais waren großenteils immer noch rußgeschwärzte Ruinen. Ich selbst bin mit dem Baufahrstuhl den Schlossturm hochgefahren, um mich vom Zustand der ehemaligen Wohnung von Johann Christian Friedrich Gutkaes zu überzeugen. Doch das Refugium im Turm war ausgebrannt, zerstört im fürchterlichen Bombenhagel, der die Innenstadt von Dresden in der Nacht vom 13. zum 14. Februar 1945 und den folgenden zwei Tagen nahezu ausgelöscht hatte. Also blieb uns nichts anderes übrig, als zu improvisieren. Einen geeigneten Raum fanden wir schließlich in unmittelbarer Nähe im Dresdner Residenzschloss, zwar noch im Rohbau, aber schon halbwegs restauriert. Ein nicht gerade festliches Ambiente, aber in gewisser Weise doch passend zu der Pionierzeit, in der wir uns befanden. Der Teppich, eigens für uns ausgelegt, verbarg immerhin den staubigen Betonboden der Baustelle.

In den Wochen und Monaten, in denen wir in Glashütte an den neuen Modellen gearbeitet hatten, hatten wir keinerlei Vorabinformationen über die zu erwartenden Produkte gegeben, weder an die Presse noch an Vertreter des Fachhandels - abgesehen vom Preissegment an der Spitze des Luxusuhrenmarktes, das wir anpeilten. Natürlich waren vereinzelte Informationen durchgesickert und auch an die Presse gelangt - Anlass genug für die schreibende Zunft, darüber zu spekulieren, dass in Glashütte bei der Lange Uhren GmbH wieder einzigartige Uhren entstanden. So war nicht nur auf unserer Seite die Spannung riesengroß, sondern ganz offensichtlich auch aufseiten der Presse. Die Präsenz von Funk, Fernsehen und Printmedien jedenfalls war enorm. So gespannt alle Anwesenden auf die Enthüllung der neuen Uhren auch sein mochten, an diesem Tag ging es noch um etwas mehr als um die Präsentation der ersten Lange-Kollektion. Am Beispiel des Aufbaus unseres Unternehmens sollte auch deutlich werden, dass der Freistaat Sachsen und seine Wirtschaft dabei waren, zu alter Stärke zurückzufinden. Gerade kleine und mittelständische Unternehmen bildeten von Beginn des 19. Jahrhunderts bis ins 20. Jahrhundert hinein das Rückgrat der sächsischen Wirtschaft, die in Deutschland führend war.

Daran erinnerte ich in meiner kurzen Begrüßungsrede. In einem Rückblick auf die vierjährige Aufbauphase der Lange Uhren GmbH erwähnte ich auch, dass wir nicht nur wieder die besten Uhren der Welt bauen wollten, sondern auch der größte Investor in Glashütte waren, und dass der immaterielle Nutzen für die Stadt durch den Wiedereintritt unseres Unternehmens in den Markt noch gar nicht abzusehen sei. Es war mir auch wichtig, darauf hinzuweisen, dass wir dabei ganz enorm von den handwerklichen Fertigkeiten und der großen Einsatzbereitschaft unserer Mitarbeiter profitieren konnten. Das »geistige Kapital« der Sachsen, das hob anschließend auch der damalige Ministerpräsident Kurt Biedenkopf in seinem Grußwort hervor, habe selbst in den Jahrzehnten des DDR-Regimes nicht verschüttet werden können. »So wichtig es auch ist, neue Märkte zu erschließen und Kapital zur Verfügung zu stellen«, erklärte der Ministerpräsident, »ohne das geistige Kapital, das sich die Menschen hier auch unter widrigsten Bedingungen erhalten haben, wäre der Neuaufbau leistungsfähiger Unternehmen in Sachsen gar nicht möglich gewesen.«

Dann endlich war die Reihe an Günter Blümlein, Mitgründer und seinerzeit gemeinsam mit mir Geschäftsführer der Lange Uhren GmbH. »Das ›Made in Germany‹ im Bereich der exklusiven mechanischen Uhren meldet sich heute zurück«, versprach der erfahrene und ungewöhnlich erfolgreiche Manager so großer Marken wie IWC und Jaeger-LeCoultre, bevor er das mit Spannung erwartete Zeichen zum ersten öffentlichen Auftritt der Lange-Uhren der Neuzeit gab: Annett Cellar, eine der ersten Mitarbeiterinnen, enthüllte die bis dahin hinter weißen Tüchern verborgenen, übergroßen Fotografien unserer Uhren, deren Großdatum jeweils den 25. anzeigte. Es war das Datum des darauffolgenden Tages, an dem, so hofften wir, möglichst viele Tageszeitungen mit diesem Bild über die Lange-Uhren berichten würden.

Die Enthüllung der Uhren war ein echter Knaller, von den mehr als sechzig anwesenden Journalisten und den Ehrengästen mit lebhaftem Beifall bedacht. Die Resonanz in der Öffentlichkeit war großartig, wir hätten uns nichts dergleichen träumen lassen. Die gesamte Weltpresse berichtete über unsere Uhren, besonders über den »Exoten aus Sachsen«, die Lange 1. Allein in der Zeit zwischen Oktober und Dezember 1994 konnten mehr als dreißig Millionen Leserkontakte registriert werden. Mit einem Paukenschlag startete am 25. Oktober 1994 auch die Lange-Werbekampagne, farbig und doppelseitig, in der *Frankfurter Allgemeinen Zeitung*. Der Text lautete:

»Die Wirtschaft im Osten Deutschlands beginnt plötzlich ganz anders zu ticken: A. Lange & Söhne kehrt zurück - die Legende ist wieder Uhr geworden.«

Eine neue Zeit

Damit hatte sich für mich ein Lebenstraum erfüllt. Der damalige Ministerpräsident Kurt Biedenkopf hatte in seiner kurzen Rede anlässlich der Präsentation unserer Uhren davon gesprochen, dass so manchem Betrachter der Neuaufbau der Lange Uhren GmbH - angesichts all der Widrigkeiten, die sich uns in den Weg gestellt hatten - gelegentlich als ein ganz und gar aussichtsloses Unterfangen vorgekommen sein musste, dass es uns aber dennoch gelungen sei, »eine große Tradition wieder mit Leben zu erfüllen und sie fortzusetzen«. Deshalb, so meine ich, ist es keine Übertreibung, wenn in unserer Werbung davon die Rede war, dass »die Wirtschaft im Osten Deutschlands anders zu ticken beginnt«. Aber ich muss ehrlich gestehen: Auch ich habe von Zeit zu Zeit gezweifelt, ob uns der Aufbau der Lange Uhren GmbH tatsächlich gelingen würde. Dabei habe ich keinen Augenblick gezögert, als ich spürte, dass sich im Osten Deutschlands ein Wandel anbahnte, der daran denken ließ, eine Wiederbelebung des Namens A. Lange & Söhne zu wagen. Natürlich habe auch ich die Tage und Wochen des revolutionären Herbstes 1989 voller Spannung am Fernseher verfolgt, hin und her gerissen zwischen Bangen und Hoffen. Meine größte Sorge war, dass es in Leipzig, in Dresden und in allen anderen Orten, wo couragierte Demonstranten durch die Straßen zogen und Freiheit forderten, friedlich bleiben würde. Erstmals 1976 und seither wenigstens einmal im Jahr war ich - nach meiner Flucht 1948 - wieder nach Glashütte gereist und hatte mir dort selbst ein Bild von der Entwicklung und der Wirtschaftskraft der DDR machen können. Man musste gar kein allzu aufmerksamer Beobachter sein, um zu erkennen, dass die Kommandowirtschaft im sogenannten real existierenden Sozialismus auf Dauer der westlichen Wirtschaft hoffnungslos unterlegen sein würde. Der Mangel war überall ersichtlich: in der Infrastruktur, in der Bausubstanz vor allem der kleineren Städte, in den ländlichen Regionen und in der industriellen Fertigung. Und dennoch habe ich in den Tagen des Spätsommers 1989 zunächst noch nicht daran geglaubt, dass sich die DDR überlebt hatte. Seinerzeit habe ich vielmehr befürchtet, dass es den Nachfolgern des Staatschefs Erich Honecker gelingen würde, mithilfe der UdSSR - der Union der Sozialistischen Sowjetrepubliken - den endgültigen Zerfall der siechenden DDR noch lange hinauszuschieben. Den Meinungsumschwung bei mir lösten erst die unglaublichen Bilder vom Fall der Mauer aus. Als die jubelnden Menschen am 9. November 1989 den hässlichen Grenzbeton erklommen und die ersten *»Mauerspechte«* begannen, »das beste Grenzsicherungssystem der Welt«, wie der DDR-General Heinz Hoffmann die Mauer einmal bezeichnet hatte, mit Hammer und Meißel zu bearbeiten, war mir klar: Im Osten Deutschlands brach eine neue Zeit an, der Sozialismus sowjetischer Prägung hatte sich überlebt.

Natürlich kreisten meine Gedanken von diesem Augenblick an mehr noch als zuvor um Glashütte und A. Lange & Söhne. Solange die DDR ein fester Bestandteil der sozialistischen Staatengruppe des Ostblocks war und solange dort sowjetische Truppen den Macht- und Führungsanspruch der UdSSR demonstrierten, würde ein Neubeginn von A. Lange & Söhne in Glashütte vollends illusorisch sein. Das war bis dahin meine feste Überzeugung. Zwar hatte Michail Gorbatschow in den Achtzigerjahren im Zeichen von *Glasnost* und *Perestroika* - Schlagworte für den von Gorbatschow eingeleiteten Reformprozess - versucht, mit seiner neuen Politik die starre Kommandowirtschaft ein wenig zu öffnen und für Investoren aus dem Westen attraktiver zu machen. »Wer zu spät kommt, den bestraft das Leben«, hatte der Staatschef der damals vermeintlich noch mächtigen UdSSR anlässlich der Feiern zum vierzigjährigen Bestehen der DDR in Richtung Erich Honecker gewarnt. Glasnost und Perestroika, die neue Offenheit in der Politik des Kreml-Chefs, brachten in den späten Achtzigerjahren immerhin eine gewisse Bewegung in die sozialistische Planwirtschaft. Aber wie sich schnell zeigte, waren die Impulse und Anreize für Investitionen aus den westlichen Industrieländern viel zu schwach. Die UdSSR war seinerzeit noch zu sehr von dem kommunistischen Apparat und seiner zentralistisch geführten, aber wenig leistungsfähigen und in Teilen gar maroden Wirtschaft geprägt.

Zweifellos kommt Michail Gorbatschow das Verdienst zu, die starren und verknöcherten Strukturen der Ostblockregime gelockert und damit den Anstoß für den späteren Wandel gegeben zu haben. Eine tragfähige Grundlage für den Aufbau einer wettbewerbsfähigen Industrie bildeten jedoch weder Glasnost noch Perestroika. Und schon gar nicht in der DDR, wo sich die Nomenklatura starrsinnig weigerte, den Lockerungsübungen des Kreml-Führers zu folgen. Für mich war bis zum Fall der Mauer klar, dass ein Wiederaufbau von A. Lange & Söhne in Glashütte - in welcher Form auch immer - nicht möglich war. Jeder Versuch hätte kläglich scheitern müssen.

Plötzlich aber hatten sich die Voraussetzungen fundamental verändert. Zwar existierte die DDR auch nach der Öffnung der Grenzen und dem Fall der Mauer zunächst formal weiter. Doch wie auch immer zusammenwachsen würde, was zusammengehörte - Anfang 1990 bot sich erstmals die Chance, konkret zu überlegen, wie ein Neubeginn mit A. Lange & Söhne in Glashütte möglich wäre.

Die Uhrenindustrie war Glashütte auch unter dem DDR-Regime erhalten geblieben. Fast alle im Ort ansässigen Einzelunternehmen - darunter auch A. Lange & Söhne - waren bis 1951 enteignet, zwangskollektiviert und zum »VEB Glashütter Uhrenbetriebe« (GUB, im Volksmund meist als »die GUB« bezeichnet) zusammengefasst worden. Produziert wurden seither mechanische Armbanduhren, Flugzeugborduhren, Schiffsuhren und feinmechanische Geräte; später, ab Mitte der Siebzigerjahre, auch immer mehr Quarzuhren. 1990 zählte die GUB mit all ihren Betriebsteilen rund zweitausendfünfhundert Mitarbeiter und war, gemessen an der Produktivität westlicher Unternehmen, weder wettbewerbs- noch überlebensfähig.

Gleichwohl weckte die GUB das Interesse der Uhrenindustrie im Westen, der natürlich sehr wohl die

Glashütter Uhrentradition bekannt war. Weshalb sollte also nicht versucht werden, diese Tradition und die zweifellos vorhandenen Fähigkeiten der dort ansässigen Uhrmacher und anderen Fachkräfte in einer neu zu positionierenden Glashütter Uhrenindustrie zu nutzen? So reisten Manager aus dem Westen ins entlegene Müglitztal, um vor Ort Möglichkeiten und Potenziale zu sondieren - darunter auch Günter Blümlein, Geschäftsführer der Gruppe LMH (Les Manufactures Horlogères), ein Tochterunternehmen der *VDO Adolf Schindling AG*, die etwas später von der Mannesmann AG übernommen wurde. Unter dem Dach der LMH waren seinerzeit die exklusiven Schweizer Uhrenmarken IWC und Jaeger-LeCoultre vereint. Günter Blümlein war bereits 1989 zusammen mit Senator e. h. Albert Keck, damals Aufsichtsratsvorsitzender der VDO, bei der GUB zu Gesprächen vorstellig geworden, um die Chance für mögliche Kooperationen und ein Joint Venture auszuloten. Doch die Gespräche verliefen, wie ich später erfuhr, zäh und am Ende ergebnislos. Die GUB trug seinerzeit noch zu schwer an den Altlasten der DDR, und die Vorstellungen ihrer Führung von den Perspektiven des Unternehmens in der Marktwirtschaft waren mehr als vage. Man ließ Blümlein und Keck abblitzen, wohl nicht zuletzt in der Hoffnung, sich auch unter veränderten marktwirtschaftlichen Bedingungen behaupten zu können. Eine trügerische Hoffnung, wie sich bald zeigen sollte.

Doch Blümlein und Keck ließen sich von diesen ersten negativen Erfahrungen in Glashütte nicht entmutigen. Blümlein, geborener Nürnberger und ohne Zweifel einer der versiertesten und kompetentesten Manager der Schweizer Uhrenindustrie, und Keck, der einst bei Junghans im Schwarzwald eine Ausbildung zum Uhrmacher bei einem Glashütter Meister absolviert hatte, wussten nur zu gut, welch großartige Tradition und Uhrmacherkunst Glashütte einst geprägt hatten. Dies war auch das Thema eines gemütlichen Kamingesprächs der beiden im Winter 1989, an dem Hannes Pantli teilnahm, seinerzeit Marketing-Chef von IWC. Und so wurde es mir später berichtet: Plötzlich habe, gewissermaßen als Inbegriff der Glashütter Uhrmachertradition, der Name A. Lange & Söhne im Raum gestanden, verbunden mit der Idee, diesen großen Namen und Glashütte mit neuen, exklusiven Uhren wieder aufleben zu lassen. Man habe sich dann daran erinnert, dass ich, der Urenkel des Unternehmensgründers Ferdinand Adolph Lange, im Westen lebe und Jürgen King, Entwicklungschef bei IWC, mich kenne. Wie in einigen anderen wichtigen Momenten meines Lebens gaben auch diesmal Glück und eine schicksalhafte Fügung den Ausschlag für die entscheidende Wendung: Ich trank gerade mit meiner Frau Kaffee, als mich Jürgen King einige Tage nach diesem Gespräch zu Hause in Pforzheim anrief und den Kontakt zu Günter Blümlein herstellte - die Initialzündung für die Neugründung der Manufaktur Lange in Glashütte.

Anfang 1990 führten wir dann die ersten konkreten Gespräche über das Konzept eines Neubeginns. Mir war klar, dass wir nur mit einem kapitalstarken, kompetenten und von der Sache überzeugten Partner erfolgreich sein konnten. Dieser Partner war ganz eindeutig VDO mit Albert Keck an der Spitze. Denn in dieser Phase der Gespräche hatten wir genau genommen nicht gerade viel: Wir hatten keine

Uhren, die wir bauen und verkaufen konnten, wir hatten keine Mitarbeiter, keine Gebäude und keine Maschinen. Wir hatten nur die Vision von den besten Uhren der Welt, die wir wieder in Glashütte bauen wollten. Doch bekanntlich reicht allein eine Vision bei der Gründung eines Unternehmens nicht aus - auch wir benötigten das Kapital für die zunächst dringlichsten Investitionen. In einem Finanzierungsplan, der dem VDO-Vorstand vorgelegt werden musste, schätzte Günter Blümlein den Kapitalbedarf für den Neustart von Lange noch sehr vorsichtig auf 500.000 D-Mark. Tatsächlich waren in den Anfangsjahren nahezu 20 Millionen D-Mark erforderlich, um das Unternehmen entsprechend der hochgesteckten Ziele in Glashütte wieder auf die Beine zu stellen.

Es gehörte schon eine gehörige Portion unternehmerischer Mut dazu, ein solches Risiko einzugehen, aber Günter Blümlein war von dem Konzept ebenso überzeugt wie ich. Überhaupt erwies sich Günter Blümlein während der zahlreichen Gespräche und Verhandlungen, die wir 1990 geführt haben, nicht nur als ein außerordentlich kompetenter, sondern auch als ein ebenso fairer Partner. Es ist vor allem dem enorm fleißigen und zuverlässigen Manager und Uhrenenthusiasten zu verdanken, dass A. Lange & Söhne so schnell und so erfolgreich neu aufgebaut werden konnte.

Stammhaus Glashütte

Am 29. November 1990 schließlich war es so weit: Die VDO und ich schlossen in Frankfurt am Main den Vertrag über den Aufbau der Lange Uhren

GmbH. Günter Blümlein und ich sollten das Unternehmen als Geschäftsführer leiten. Doch damit war die Lange Uhren GmbH noch nicht gegründet, zunächst brauchten wir am neuen, alten Standort für die Anmeldung eine Adresse. Dafür hätte sich logischerweise das frühere Stammhaus von A. Lange & Söhne in Glashütte, Altenberger Straße 1, angeboten. Das Gebäude, von meinem Urgroßvater Ferdinand Adolph Lange 1873 gebaut, stand zu dieser Zeit bis auf ein paar Büros leer. Es befand sich allerdings in einem beklagenswerten Zustand. Im ersten Gespräch mit der GUB wurde ich von einem Geschäftsführer darauf aufmerksam gemacht, dass ich in Glashütte eine »besondere Verpflichtung« gegenüber der heimischen Uhrenindustrie habe. In diesem Zusammenhang wurde mir auch in Aussicht gestellt, bei einem Neuaufbau der Lange Uhren GmbH unser Stammhaus wieder übernehmen zu können. Damals hatte die GUB bereits eine Firma unter dem Namen »A. Lange & Söhne Glashütte/Sa.« beim Deutschen Patentamt angemeldet, dann jedoch auf den Rechtsschutz der vorgemerkten Marke zu meinen Gunsten verzichtet. Sie zog die Anmeldung zurück.

Doch als 1991 die Zuständigkeiten der Treuhand von Sachsen nach Berlin wechselten, galt die Zusage, das Stammhaus übernehmen zu können, plötzlich nicht mehr. Die Treuhänder folgten in Sachen GUB offensichtlich einer neuen Strategie. Das Stammhaus, so wurde jetzt argumentiert, sei 1951 mit der Zwangskollektivierung der GUB zugeschlagen worden, das Gebäude gehöre folglich zum Gesamtbestand des VEB. Außerdem sei das Stammhaus das »Filetstück« von Glashütte, und das bekomme nur der, der die GUB übernehme. Mit diesem Argument weigerte sich die Treuhand, uns das Haus zu überlassen, sie wollte uns die GUB nur in toto übergeben: einschließlich der gesamten Belegschaft von seinerzeit noch rund tausend Mitarbeitern.

Man musste kein Prophet sein, um zu erkennen, dass das Unternehmen einer Wettbewerbswirtschaft nicht gewachsen sein würde, schon gar nicht mit der viel zu großen Belegschaft. Eine Übernahme der GUB kam für uns also nicht infrage, die damit unumgänglich verbundene Entlassung von vielen Hundert Mitarbeitern wäre für die Lange Uhren GmbH ein schlechter Einstand gewesen. Zudem waren wir davon überzeugt, dass die Wiedergeburt der Marke A. Lange & Söhne nur losgelöst von allen Altlasten eines VEB gelingen konnte. Am 27. März 1991 hatte ich noch Gelegenheit, Detlev Carsten Rohwedder, den damaligen Chef der Treuhand, auf die Weigerung seiner Behörde, uns das Stammhaus zu überlassen, anzusprechen. Rohwedder sagte mir Unterstützung zu, die er jedoch nicht mehr einlösen konnte: Nur wenige Tage später, am 1. April, wurde der Treuhandchef in seinem Haus in Düsseldorf-Oberkassel vermutlich von Terroristen der *RAF* erschossen. Unsere Gesprächspartner der Treuhand für Glashütte indes schalteten weiter auf stur und zeigten kein Gespür für unser Anliegen und die historische Bedeutung des Namens A. Lange & Söhne für die gesamte Region. Wir mussten also auf das Lange-Stammhaus verzichten und uns nach einer anderen Adresse umsehen. Die entscheidende Hilfe kam schließlich von Irma Teubner, einer Mitschülerin aus der Volksschulzeit, zu der ich noch Kontakt hatte. Sie stellte kurzerhand ihre Adresse für unseren Firmensitz zur Verfügung. So landeten wir in der Ernst-Thälmann-Straße 7 und waren bei unserer Gründung, wenn man so will, zunächst eine »Briefkastenfirma«.

Doch auch eine Briefkastenfirma muss im Handelsregister eingetragen sein. Der Tag dieses Eintrags sollte der 7. Dezember 1990 sein, genau hundertfünfundvierzig Jahre, nachdem mein Urgroßvater Ferdinand Adolph Lange das Unternehmen A. Lange & Söhne in Glashütte gegründet hatte.

Doch um ein Haar wäre es mit dem Eintrag ins Handelsregister an diesem 7. Dezember nichts geworden. Wir hatten nämlich nicht bedacht, dass dieser Tag ein Freitag war und dass Gerichte in guter deutscher Tradition freitags um zwölf Uhr schließen. Unser zweiter Fehler: Der Kurier mit den Unterlagen - es war Jürgen King, der rund ein Jahr zuvor den Kontakt zwischen Günter Blümlein und mir hergestellt hatte - machte sich auf den Weg in die rund zwölf Kilometer entfernte Kreisstadt Dippoldiswalde, in der festen Überzeugung, dort das zuständige Amtsgericht vorzufinden. In Dippoldiswalde war er jedoch an der falschen Adresse, zuständig für Eintragungen in das Handelsregister war das Gericht in Dresden. So sehr Jürgen King dann auch aufs Gaspedal drückte: Als er das Gericht in Dresden erreichte, war es ein Uhr mittags und zu spät - das Gebäude war bereits verschlossen. Zum Glück aber hatte die Tür eine Glasscheibe, sodass es King gelang, nach heftigem und dauerhaftem Klopfen die Aufmerksamkeit einer Putzfrau auf sich zu ziehen. Die sperrte ihm auf und führte unseren Kurier zu der Beamtin, die den Eingangsstempel des Gerichts verwaltete. »Wer zu spät kommt, den bestraft das Leben« - nicht aber jene gute Dame, die volles Verständnis für unser Anliegen und den historischen Bezug zu diesem Termin hatte. Unsere Dokumente bekamen den gewünschten Eingangsstempel »7. Dezember 1990« - ein Ereignis, das vermutlich nur in der Aufbruchstimmung, wie sie damals in den neuen Bundesländern herrschte, möglich war.

Nun war es nicht so, dass wir 1990 in Glashütte nur wohlwollend oder gar jubelnd empfangen wurden. Natürlich erinnerten sich viele an mich und an A. Lange & Söhne. Manche der Älteren hatten noch bei uns gearbeitet, andere kannten die Firma aus den Erzählungen ihrer Eltern und Großeltern. Aber es gab uns gegenüber auch Skepsis in Glashütte. Vermutlich war diese noch jenem Misstrauen geschuldet, das den Menschen in der DDR gegenüber allem, was aus dem Westen kam, über Jahre »von oben« vermittelt worden war. So baten beispielsweise manche Glashütter, die gern mit mir reden wollten, um einen Gesprächstermin außerhalb des Ortes, nur um nicht mit mir gesehen zu werden. Zum Glück schlug diese Skepsis bald in Zutrauen um. Inzwischen gibt es wieder Beschäftigte bei uns, deren Urgroßeltern, Großeltern und Eltern ebenfalls schon bei A. Lange & Söhne gearbeitet haben. Auch das ist ein großes Stück der Tradition, die mit dem Namen Lange verbunden ist.

Der Start im Erzgebirge

Es ist schon ganz schön abgelegen, unser Glashütte im Osterzgebirge. Das bekamen wir in der Pionierzeit nach der Wiedervereinigung bei vielen Gelegenheiten zu spüren. So waren beispielsweise Telefonverbindungen in den Westen der Bundesrepublik oftmals reine Glückssache. Und auch Mobiltelefone erwiesen sich im Müglitztal als weitgehend nutzlos, weil dort die Infrastruktur für den Mobilfunk noch fehlte. Lediglich auf den Anhöhen konnte man mit seinem Autotelefon Kontakt zur Außenwelt herstellen - über eine eiligst von der Post in Dresden eingerichtete Antenne. Ausgesprochen dünn war auch das gastronomische Angebot. Wenn ich mit Günter Blümlein nach Glashütte reiste, stiegen wir in der »Ladenmühle« ab, dem einzigen Hotel der Gegend, im Bielatal in der Nähe von Altenberg, gut zehn Kilometer von Glashütte entfernt. Die Bezeichnung »Hotel« ist allerdings ziemlich hochtrabend, denn die Ladenmühle war mit Häusern, wie wir sie aus dem Westen kannten, damals nicht zu vergleichen. Sie erreichte bestenfalls die Kategorie »Jugendherberge«. Das karg eingerichtete Badezimmer mussten Blümlein und ich uns teilen. Aus der Badewanne bot sich ein freier Blick auf das wunderschöne Osterzgebirge - ein Blick, der weder von einem Vorhang noch von einer Gardine eingeschränkt wurde. Der einzige Sichtschutz waren Eiszapfen vor den Fenstern. Dafür war die Verpflegung in der Ladenmühle ebenso deftig wie schmackhaft, wenn auch ein wenig eintönig: Meist aßen wir am Abend *Sauerbraten mit böhmischen Knödeln,* den Blümlein auch immer allen Gästen empfahl. So ist dieses Gericht für uns untrennbar mit der Gründung der Lange Uhren GmbH verbunden.

Auch um Fragen des Aufbaus zu erörtern, suchten Günter Blümlein und ich am 18. Dezember 1990 Frank Reichel auf, den neuen Bürgermeister von Glashütte. Bei dieser Gelegenheit stellte er uns drei

Herren vor. Zwei waren Lehrer der dänischen Uhrmacherschule in Ringsted, die sich gerade in Glashütte aufhielten, um sich über die GUB zu informieren, der dritte war Hartmut Knothe, bis dahin Direktor der GUB-Betriebsberufsschule »Makarenko« in Glashütte. Während des weiteren Gesprächs zeigte sich, dass Hartmut Knothe nicht nur ein ausgezeichneter Kenner der örtlichen Gegebenheiten war, sondern auch ein hoch qualifizierter Uhrenfachmann. Günter Blümlein und mir war sofort klar: Hartmut Knothe war genau der Mann, den wir brauchten. Wenige Tage später setzten wir in der Ladenmühle das Gespräch mit ihm fort und wurden uns einig. Da Blümlein als Geschäftsführer der LMH-Gruppe in Schaffhausen präsent sein musste und ich weiterhin in Pforzheim gebunden war, sollte Hartmut Knothe in Glashütte den Unternehmensaufbau vorantreiben. Zum 1. Mai 1991 - die Beziehungen zwischen uns und der Treuhandanstalt waren zu der Zeit noch leidlich intakt - bezog Hartmut Knothe als Statthalter vor Ort im Lange-Stammhaus sein Büro. Er war der erste Mitarbeiter, den die Lange Uhren GmbH einstellte.

Bereits in den Monaten zuvor hatten Günter Blümlein und ich damit begonnen, Personal für die Lange Uhren GmbH zu rekrutieren. Nun bestand in Glashütte und Umgebung gewiss kein Mangel an Fachkräften, immerhin zählte die GUB zu der Zeit noch rund eintausend Mitarbeiter. Und sie erklärte sich auch großzügig bereit, unsere Stellenausschreibungen am Schwarzen Brett der Verwaltung auszuhängen. Die »Großzügigkeit« hatte indes einen Haken: Die GUB-Personalverwaltung wollte die Bewerbungen sammeln und an Günter Blümlein nach Schaffhausen weiterleiten. Das aber hätte zur Folge gehabt, dass die GUB jederzeit gewusst hätte, wer sich - auch von den eigenen Leuten - bei uns bewerben wollte. Schon aus Datenschutzgründen wäre das nicht statthaft gewesen, einmal abgesehen davon, dass sich so mancher der GUB-Mitarbeiter unter diesen Voraussetzungen nicht getraut hätte, sich bei der Lange Uhren GmbH um einen Job zu bemühen. Also wurde das Verfahren geändert, Bewerbungen waren direkt an Günter Blümlein, c/o IWC Schaffhausen, zu richten.

Rund einhundertzwanzig Bewerbungen gingen ein. Ich hatte, ehrlich gesagt, mit einer weit größeren Zahl gerechnet. Die verhaltene Resonanz war wohl ebenfalls Ausdruck der Unsicherheit, mit der die Menschen damals so kurz nach der Wende in den neuen Bundesländern lebten. Denn auch in den Glashütter Uhrenbetrieben war die Stimmung schlecht. Immer neue Entlassungswellen folgten, und gerade hatten wieder vierhundert Mitarbeiter gehen müssen. Wer noch beschäftigt war, der war auf Kurzarbeit gesetzt. Dass die GUB keine Perspektive mehr hatte, mögen die meisten ihrer Beschäftigten bereits geahnt haben. Jedoch hofften sie immer noch, dass am Ende ein finanzkräftiger Investor gefunden und der größte Teil der Arbeitsplätze gerettet werden könnte. Angesichts dieser unsicheren Situation und der Unwägbarkeiten der weiteren wirtschaftlichen Entwicklung in der ehemaligen DDR dürfte es vielen der Betroffenen deshalb als das reinste Abenteuer vorgekommen sein, in Glashütte ein Unternehmen aufbauen zu wollen, das sich im Markt exklusiver mechanischer Uhren behaupten könnte. In einem Markt, der scheinbar unanfechtbar den großen Schweizer Marken vorbehalten war. Natürlich musste diese Atmosphäre der Unsicherheit und des Misstrauens am Selbstbewusstsein der Menschen nagen. Kein Wunder also, wenn manche ihre Bewerbung heimlich zur Post trugen, ohne auch nur den engsten Kollegen davon zu erzählen.

Die ersten Bewerbungsgespräche fanden im April 1991 an einem eisigen, verschneiten Tag im Hotel Lugsteinhof in Zinnwald, rund zwanzig Kilometer von Glashütte entfernt an der tschechischen Grenze gelegen, statt. Dort kam es dann zu fast schon grotesken Szenen: Auf dem Hotelparkplatz trafen sich zufällig Kollegen, ohne zuvor gewusst zu haben, dass sich auch der jeweils andere bei der Lange Uhren GmbH beworben hatte. Die Gespräche führten Günter Blümlein und Hartmut Knothe. Dabei ging es vor allem darum, herauszufinden, ob und inwieweit die Kandidaten für die Fertigung exklusiver mechanischer Uhren geeignet waren. In den Glashütter Uhrenbetrieben hatten sie bis dahin einfache mechanische Uhrwerke und Quarzuhren gebaut. Uhren, wie wir sie in alter Lange'scher Manier bauen wollten, hatten in der GUB seit mehr als vierzig Jahren keine Tradition mehr. Namen wie IWC und Jaeger-LeCoultre waren den meisten Bewerbern fremd, und eine Luxusuhr hatte vermutlich noch keiner in Händen gehalten. Die *Neue Zürcher Zeitung* lag schon richtig, als sie am 2. November 1992 über Lange rückblickend schrieb: »Die Auswahl erfolgte insbesondere nach zwei Kriterien: innere Affinität zum Uhrenbau und, wenn möglich, familiäre Verbindungen. Wenn Mutter oder Vater als Uhrmacher arbeiteten, war es gut, wenn schon Großmutter oder Großvater mit der Lupe im Auge gearbeitet hatten, noch besser.«

Doch allein die innere Affinität zum Uhrenbau und die Familientradition waren noch nicht Qualifikation genug. Um qualitativ hochwertige mechanische Uhren herstellen zu können, bedarf es modernster, numerisch (CNC-) gesteuerter Maschinen und vor allem des Know-hows, sie zu bedienen - Fertigkeiten, die den VEB-geprägten Fachkräften größtenteils fremd waren. Also mussten unsere neuen Mitarbeiter, zunächst ein gutes Dutzend, in den neuen Technologien geschult und an den Maschinen ausgebildet werden. Diese Aufgabe übernahm die IWC in Schaffhausen. So setzte nach 1991 eine kleine Wanderbewegung vom Müglitztal Richtung Schweiz ein. In ihren voll bepackten Trabis oder Wartburgs, beides in der DDR produzierte Automodelle, oder mit der Bahn machten sich unsere »Leih-Sachsen« auf ins rund siebenhundert Kilometer entfernte Schaffhausen, um dort bei IWC in die Spitzentechnik des Luxusuhrenbaus eingeführt zu werden.

Die Präsenz Hartmut Knothes in unserem Stammhaus war allerdings nur ein kurzes Intermezzo. Die Treuhandanstalt spekulierte weiterhin darauf, dass wir die GUB komplett übernehmen würden, nicht ohne uns unter Druck zu setzen. Das Stammhaus würde uns nicht zur Verfügung gestellt werden, so die kategorische Auskunft der Treuhänder. Wir brauchten also dringend ein Gebäude in Glashütte, das nicht zum GUB-Bestand gehörte. Bis zum Frühjahr 1992 hatten wir immerhin schon drei Millionen Mark investiert. Unsere Mitarbeiter waren zu der Zeit in einer angemieteten Etage des ehemaligen Produktionsgebäudes des in Konkurs gegangenen *VEB Robotron* an der Altenberger Straße 15 untergebracht. Das Gebäude unterstand nicht der GUB-Treuhandverwaltung, sondern einem Insolvenzverwalter in Bremen, der für unsere Situation Verständnis hatte und uns zunächst das Gebäude zur Miete überließ - bevor wir es schließlich kaufen konnten. Das Haus - die sogenannte »Lange I« - befand sich jedoch in einem katastrophalen Zustand, was nach gut vierzig Jahren Mangelwirtschaft nicht anders zu erwarten war. Aber immerhin, wir hatten nach gut anderthalb Jahren als »Briefkastenfirma« ein Zuhause, zwar stark sanierungsbedürftig, aber auf Dauer. Es wurde auch langsam Zeit, denn wir mussten Maschinen und Arbeitsplätze einrichten, um mit den bei IWC in Schaffhausen geschulten Mitarbeitern die Produktion aufbauen zu können. Die Restaurierung und der Umbau des Gebäudes verursachten bisweilen solche Mengen an Bauschutt und Staub, dass so mancher von uns um die Präzisionsmaschinen fürchtete, die parallel dazu installiert wurden. Mit welchen Widrigkeiten wir dabei zu kämpfen hatten, wird deutlich, wenn man bedenkt, dass es seinerzeit immer noch eine harte Geduldsprobe war, vom Osten in den Westen oder gar in die Schweiz zu telefonieren: Ein Gespräch musste, wie in DDR-Zeiten, beim Amt angemeldet werden und kam dann - wenn überhaupt - erst Stunden später zustande. Es musste am Anfang viel improvisiert werden. Vor allem im Bereich der elektronischen Steuerung der Maschinen und in der Datenverarbeitung fehlte es noch an erfahrenen Spezialisten, die wir uns zeitweise von IWC »ausborgen« mussten. Dennoch: Was binnen eines guten Jahres aus dem heruntergewirtschafteten Gebäude in der Altenberger Straße wurde, kann sich, wie ich meine, in jeder Hinsicht sehen lassen. Die Lange I ist nicht nur äußerlich ein architektonisch ansprechendes Gebäude, sondern auch eine hochmoderne Produktionsstätte geworden, in der inzwischen Werkstätten und Büros untergebracht sind.

Aber wir hatten auch Glück beim Neubeginn in Glashütte. Einer dieser Glücksfälle, der uns besonders begünstigte: Der Markenname »A. Lange & Söhne« war während der vierzig Jahre der DDR nicht missbraucht und mit einem negativen Image belastet worden. Diesen Namen wieder nutzen zu können war für uns natürlich von entscheidender Bedeutung, schließlich verkörperte er die Uhrentradition unserer Familie. Und er galt gleichzeitig als Synonym für die große Glashütter Uhrentradition und als Markenzeichen einer einst weltweit geschätzten Qualität und Präzision. Für mich persönlich war es während vieler Jahre schon ein bedrückender Gedanke gewesen, der traditionsreiche Name könnte von einem fremden Unternehmen genutzt und vermarktet werden. Nun waren wir in Glashütte angetreten, »unsere« Marke neu zu beleben und in bewährter Tradition fortzuführen. Schließlich hatte der Name A. Lange & Söhne nicht nur bei Kennern und Sammlern historischer Uhren einen großen Klang, sondern er würde generell im Wettbewerb mit anderen exklusiven Uhren bestehen können.

Ein anderer Aspekt des Neuaufbaus der Lange Uhren GmbH trat in jenen Monaten im weit entfernten Schaffhausen in eine entscheidende Phase. Dort arbeitete Reinhard Meis, ein Uhrenexperte und besonders kundig in der Historie der Glashütter Taschenuhren, mit Hochdruck an dem Design unserer ersten Kollektion. Günter Blümlein und mir war klar, dass unsere Uhren neben ihrer Qualität und Präzision einen Auftritt brauchten, der sie auf den ersten Blick unverwechselbar machte. Wir mussten, natürlich auf dem gleichen hohen Niveau, anders sein als die Schweizer Luxusuhren; wir mussten, wie es so schön heißt, »Alleinstellungsmerkmale« schaffen, die in jeder Hinsicht eine Lange-Uhr charakterisieren sollten. So entstand das Lange-typische Großdatum, in seiner einzigartigen Gestaltung und Funktion inzwischen ein weltweit bekanntes Merkmal unserer Uhren. Dabei setzt das Großdatum nicht nur einen markanten stilistischen Akzent, sondern es hat zudem den Vorzug, eine der nützlichsten Anzeigen einer Uhr ausgesprochen gut lesbar darzustellen. Nicht umsonst wird es inzwischen von vielen Wettbewerbern kopiert. Eine weitere gestalterische Innovation und damit ein weiteres markantes Merkmal ist die dezentrale Stundenanzeige der Lange 1 mit der kleinen Sekundenanzeige und der Gangreserveanzeige. Ich bin mir sicher: Dass die Präsentation unserer ersten Kollektion im Dresdner Schloss geradezu einem Paukenschlag gleichkam, verdanken wir zu einem großen Teil dem innovativen Design der Lange 1. Mit dem Urteil einiger Fachkollegen und Journalisten, unsere Lange 1 sei der Exot unter den Luxusuhren, kann ich gut leben. Hinzufügen möchte ich, dass es Reinhard Meis und seinem kreativen Team außerordentlich gut gelungen ist, eine sehr stilvolle und vornehm zurückhaltende Besonderheit zu schaffen. Denn gerade weil es uns um ein innovatives Design ging, sollten darin Elemente adaptiert werden, die für den Namen Lange, für seine Herkunft und Tradition standen. Wer unsere Arkade betrachtet und die Bögen des Gehäuses mit den Arkaden des Dresdner Schlosshofs vergleicht, wird die Verwandtschaft sofort erkennen. Und wer das Zifferblatt, die Konstruktion der Uhrwerke und den Schriftzug »A. Lange & Söhne« mit denen früherer Lange-Uhren vergleicht, erkennt unmittelbar den Ursprung der gestalterischen Kunst.

Allerdings wäre ein anspruchsvolles und ausgefallenes Äußeres noch lange nicht exklusiv, würde die Uhr nicht auch ein ungewöhnliches Innenleben besitzen. Doch das betrifft nicht nur die traditionellen Elemente der Lange'schen Uhrmacherkunst wie die typische *Dreiviertelplatine* aus *Neusilber* mit dem ebenso typischen *Glashütter Wellenschliff*, die *verschraubten Goldchatons*, die *Schwanenhalsfeinregulierung* und die Handgravur des Unruhklobens. Der Besitzer einer Lange-Uhr muss sich auch darauf verlassen können, dass die hochwertigen Einzelteile seiner Uhr mit äußerster Sorgfalt bearbeitet und zusammengefügt wurden. Um wenigstens einen kleinen Einblick in die mechanische Perfektion einer Lange-Uhr zu ermöglichen, werden nahezu alle Modelle mit einem Gehäuseboden aus Saphirglas ausgestattet. Die im Grunde sehr schlichte Philosophie der Uhrenfertigung, mit der die Lange Uhren GmbH den hohen Erwartungen ihrer Kunden gerecht werden will, lautet: Lange konstruiert die Uhrwerke, gestaltet die Uhren, fertigt die Platinen, Brücken und weitere wesentliche Bestandteile aus dem Rohmaterial, dekoriert die Einzelteile, biegt die Endkurven der Unruhspirale, fügt die Uhrwerke in alter, aufwendiger Glashütter Manier zusammen und baut sie ausschließlich in Gehäuse aus Gold oder Platin ein.

Günter Blümlein hat einmal davon gesprochen, dass eine Lange-Uhr ein Gesamtkunstwerk sei, bestehend aus einer langen Geschichte, der Leidenschaft der Mitarbeiter für eine feine Uhr, dem Stil des Hauses, der Verantwortung für die Tradition und schließlich der einzigartigen Technik und Handwerkskunst, der wir uns verschrieben haben. Ich kann dem nur zustimmen.

Der Umstand, dass wir am Ende dann doch unser Stammhaus übernehmen konnten, zählt wohl auch noch zur ersten Phase des Aufbaus der Lange Uhren GmbH, selbst wenn es nach der Präsentation unserer ersten Kollektion noch rund ein halbes Jahrzehnt dauerte, bis es so weit war. 1995 hatte die Treuhandanstalt das Lange-Stammhaus für eine symbolische Mark der Stadt Glashütte übergeben, die darin ein Uhrenmuseum einrichten wollte. Allerdings war das Gebäude zwischenzeitlich weiter verwahrlost. Für die Restaurierung waren fünf Millionen Mark veranschlagt, gekostet hätte es vermutlich zehn Millionen - Geld, das die Stadt am Ende nicht aufbringen konnte. In dieser Situation boten die Stadtväter uns das Gebäude schließlich an. Natürlich lag uns sehr an unserem Stammhaus, aber es war schon ein saurer Apfel, in den wir beißen mussten, um es wirklich zu bekommen und nutzbar zu machen.

Hatte doch die Stadt nur eine symbolische Mark für das Haus gezahlt - wir aber mussten nicht nur für die Immobilie zahlen, sondern auch Fördergelder zurückerstatten, die Glashütte für das geplante Uhrenmuseum vom Land Sachsen erhalten hatte. Und wir mussten die Stammhausruine wieder aufbauen. Es hat uns am Ende eine gewaltige Summe und viel guten Willen gekostet, das Gebäude am heutigen Ferdinand-Adolph-Lange-Platz 1 um der Tradition willen in seinen jetzigen Zustand zu versetzen.

»Mein« Elternhaus zurückkaufen zu müssen, empfand ich persönlich als besonders schmerzlich. Im Einigungsvertrag war 1990 festgelegt worden, dass sämtliche im Zeitraum zwischen dem Kriegsende am 8. Mai 1945 und der Gründung der DDR am 7. Oktober 1949 erfolgten Enteignungen nicht rückgängig zu machen seien. Die Enteignung von A. Lange & Söhne fand genau in diesem Zeitraum statt, am 20. April 1948. Alle in dieser rechtlosen Zeit enteigneten Liegenschaften fielen nach der Wiedervereinigung dem Fiskus zu, einen Anspruch auf Erstattung hatte ich also nicht.

Die Klage einiger Enteigneter gegen diese Regelung im Einigungsvertrag vor dem Bundesverfassungsgericht wurde ungewöhnlich schnell entschieden: Mit ihrem Urteil am 23. April 1991 schrieben die Verfassungsrichter unter Vorsitz des späteren Bundespräsidenten Roman Herzog die Unumkehrbarkeit der Enteignungen fest.

Diese »rechtsstaatliche« Entscheidung empfand ich wie eine zweite Enteignung, die mich mehr aufwühlte als die 1948 in einem Unrechtssystem vollzogene.

Natürlich hätte ich klagen können. Zwar entschied der Europäische Gerichtshof für Menschenrechte im Januar 2004, dass die entschädigungslose Enteignung nicht rechtens war. Aber selbst wenn die aus dem Einigungsvertrag hergeleiteten Gesetze jetzt geändert werden mussten und sich daraus ein Anspruch auf Entschädigung ergeben könnte, was würde sich denn für mich ändern? Das, was im Zusammenhang mit der Übernahme unseres Stammhauses gelaufen war, ließ sich nicht rückgängig machen. Ich habe am Ende, wenn auch schweren Herzens, die Umstände akzeptiert.

Die Geschichte lässt sich eben nicht neu schreiben. Während der Zeit des DDR-Regimes habe ich es für ganz und gar aussichtslos gehalten, je wieder nach Glashütte zurückkehren und daran mitwirken zu können, dass unter der Marke A. Lange & Söhne wieder Uhren hergestellt werden. Dass dies möglich ist, zumal mit so großem Erfolg, und dass vor allem auch die große Tradition der Glashütter Uhrenindustrie insgesamt wieder belebt werden konnte, empfinde ich als großes Glück. Immerhin leben in der Region inzwischen wieder Hunderte Familien vom Uhrenbau.

II. Lange in Sachsen – eine Tradition

Ein führender Industriestandort

»Es gibt in Westdeutschland das Vorurteil, die sogenannten ostdeutschen, die ›neuen‹ Länder, hätten ihre ganze Entwicklung noch vor sich. Viele wissen gar nicht, dass die deutsche Industrie- und Handwerksgeschichte eine sächsische, eine thüringische Geschichte ist und dass wir seitdem, seit der Mitte des 19. Jahrhunderts, die höchsten handwerklichen, industriellen und exportorientierten Leistungen innerhalb Deutschlands aus diesen – jetzt ›neuen‹ – Ländern haben.« Dieser Satz stammt aus der Rede des damaligen Bundespräsidenten Johannes Rau, der die Lange Uhren GmbH anlässlich ihres zehnjährigen Bestehens am 7. Dezember 2000 in Glashütte besuchte. Tatsächlich haben es viele, die in den »alten« Bundesländern leben, verdrängt oder gar nicht erst erfahren, dass Sachsen von etwa 1820 bis in die Zwanzigerjahre des 20. Jahrhunderts ein in Europa führender Industriestandort war. Ich bin mir indes auch nicht sicher, ob diese historische Tatsache den Bürgern in der DDR noch geläufig war. Vermutlich wussten selbst viele Sachsen nichts mehr davon. Die handwerkliche und industrielle Kultur, im Osten Deutschlands nicht zuletzt von Sachsen und Thüringen entscheidend mitgeprägt, ging unter dem SED-Regime mehr und mehr verloren. Dabei reicht sie Jahrhunderte zurück.

Die Basis des wirtschaftlichen Aufstiegs in Sachsen war immer das hervorragend entwickelte Handwerk in den kleinen und mittelständischen Betrieben. Daraus entstanden Anfang des 19. Jahrhunderts, in der sogenannten Manufakturperiode Sachsens, vor allem auch im Erzgebirgsvorland zahlreiche Manufakturen. Da zu der Zeit in Sachsen genügend Arbeitskräfte zur Verfügung standen, bildeten sich aus den handwerklich strukturierten Betriebsformen recht schnell auch maschinell-industrielle Strukturen heraus. In England hatte die industrielle Revolution bereits gut sechzig Jahre früher stattgefunden. Jetzt, um 1830, erreichte sie Sachsen und löste im Land eine Phase rapiden Wachstums aus. Im Deutschen Bund übernahm das Königreich in der Industrialisierung eine führende Rolle, Chemnitz beispielsweise wurde bald zum »Manchester Deutschlands«. Unterbrochen von kurzen Krisen setzte sich die positive wirtschaftliche Entwicklung weiter fort. Zu Beginn des 20. Jahrhunderts lag die Produktion, pro Kopf gerechnet, in Sachsen höher als in jeder anderen Region Deutschlands oder Europas.

Aus den mittelständischen Strukturen entstanden in jenen Jahren auch zahlreiche deutsche Traditionsunternehmen in Sachsen. Das gilt für die Automobilindustrie, die Holz- und Glasindustrie, die Optik, die Chemie- und Textilindustrie und den Maschinenbau. Namen wie Audi, DKW, Horch und Wanderer, 1932 zur Auto Union AG zusammengeschlossen, haben ihren Ursprung in Sachsen. Das Land konnte seine wirtschaftlich führende Position in Deutschland und Europa bis in die Zwanzigerjahre behaupten, als die Weltwirtschaftskrise und später die Kriegswirtschaft ihren Tribut forderten.

Allerdings hatten am Anfang des 19. Jahrhunderts nicht alle Regionen Sachsens Anteil an der stürmi-

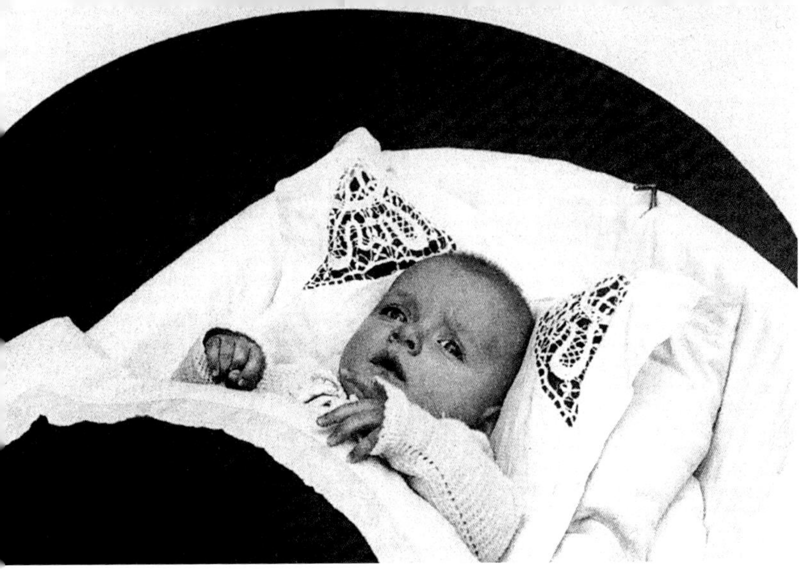

Taufbild: Walter Lange im Alter von drei Monaten, im Oktober 1924

Familienspaziergang:
Walter Lange
mit seinen drei
Geschwistern
Ferdinand, Edeltraut
und Sylvia sowie
Vater Rudolf (v.r.n.l.),
im Sommer 1926

Im Privatkontor: Emil Lange mit seinen Söhnen Otto und Rudolf Lange (v.l.n.r.) im Lange-Stammhaus

Aufräumarbeiten: Glashütte nach dem Hochwasser 1927.
Links das Elternhaus von Walter Lange – das heutige Lange-Stammhaus

Ein stolzes Duo: Walter Lange (links) mit seinem Bruder Ferdinand vor dem Familienauto, einem 321er BMW, in Zinnwald-Georgenfeld

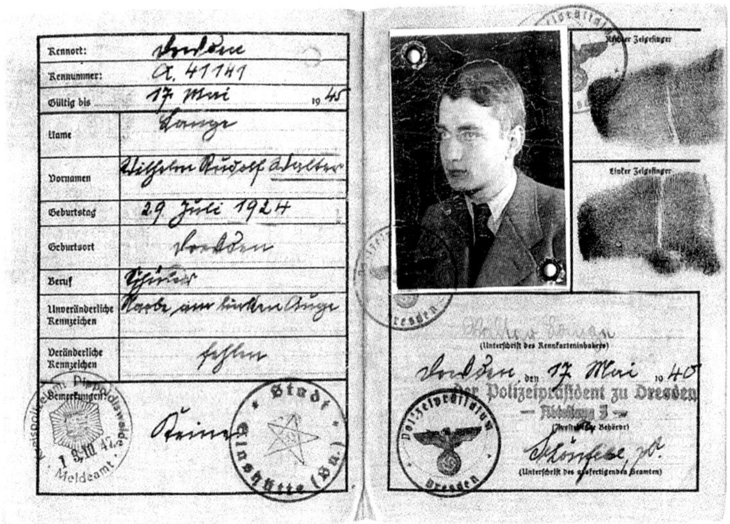

Kennort:	Dresden
Kennummer:	A. 41141
Gültig bis	17. Mai 1945
Name	Lange
Vornamen	Wilhelm Rudolf Walter
Geburtstag	29. Juli 1924
Geburtsort	Dresden
Beruf	Schüler
Unveränderliche Kennzeichen	Narbe am linken Auge
Veränderliche Kennzeichen	fehlen
Bemerkungen:	

Rechter Zeigefinger

Linker Zeigefinger

(Unterschrift des Kennkarteninhabers)

Dresden, den 17. Mai 1940

Der Polizeipräsident zu Dresden

— Abteilung 3 —

(Ausstellende Behörde)

(Unterschrift des ausfertigenden Beamten)

Rarität: Kennkarte mit Hoheitsadler und Sowjetstern, im Mai 1940

Ausbildungsstätte: Walter Lange beginnt 1941 seine Uhrmacherlehre in der *Schule der Uhrenindustrie* in Karlstein a. d. Thaya (Niederösterreich).

Lebensretter: Das von einem Granatsplitter zerrissene Soldbuch (rechts neben dem Namen von Walter Lange)

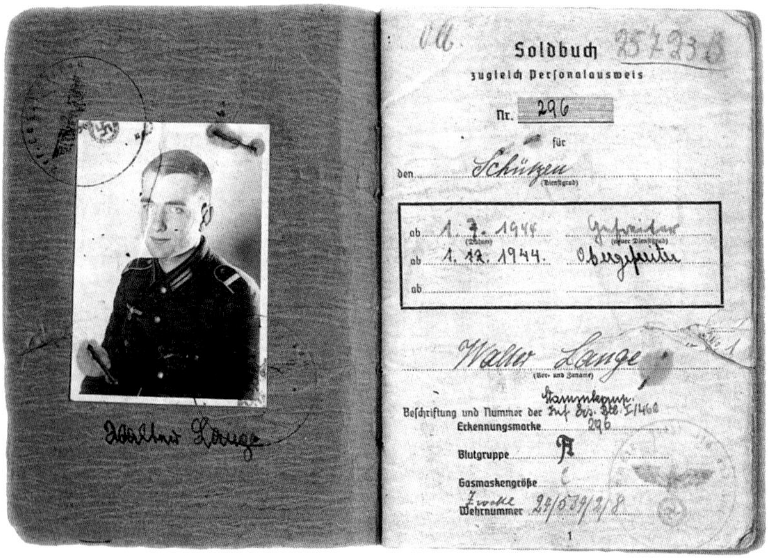

Rettungsboot: Flucht auf der *Cap Arkona* nach Kopenhagen. Der frühere Luxusliner sticht am 30. März 1945 von Hela im heutigen Polen aus in See.

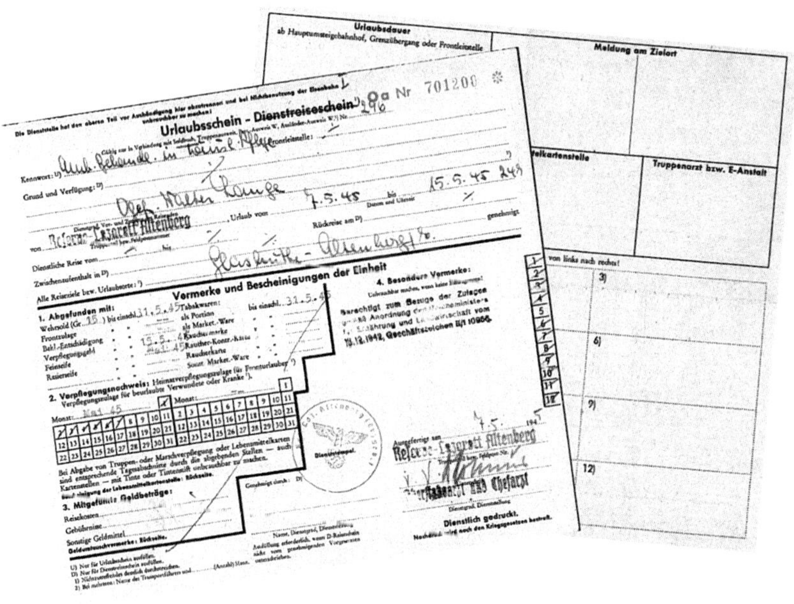

Urlaubsdauer
ab Hauptumsteigebahnhof, Grenzübergang oder Frontleitstelle
Meldung am Zielort
Truppenarzt bzw. E-Anstalt
Urlaubsschein – Dienstreiseschein
Nr 701200
Kennwort:
Grund und Verfügung:
Urlaub vom 7.5.45 bis 15.5.45
Reserve-Lazarett Altenberg
Dienstliche Reise vom
Zwischenaufenthalt in
Alle Reiseziele bzw. Urlaubsorte:
Vermerke und Bescheinigungen der Einheit
1. Abgefunden mit:
2. Verpflegungsnachweis:
3. Mitgeführte Geldbeträge:
4. Besondere Vermerke:
Ausgefertigt am 7.5.1945
Reserve-Lazarett Altenberg
Chefarzt
Dienstlich gedruckt.

Am letzten Kriegstag: Der ambulante Behandlungsschein vom 7. Mai 1945 sichert die Rückkehr nach Glashütte.

Abtransport 1945: Neben Panzerwracks verpackte Produktionsmaschinen auf dem Weg in die Sowjetunion. Walter Lange ist zum Kistenbau eingeteilt.

Am letzten Kriegstag: Das zerstörte Hauptproduktionsgebäude von A. Lange & Söhne – die sogenannte Werft – am 8. Mai 1945

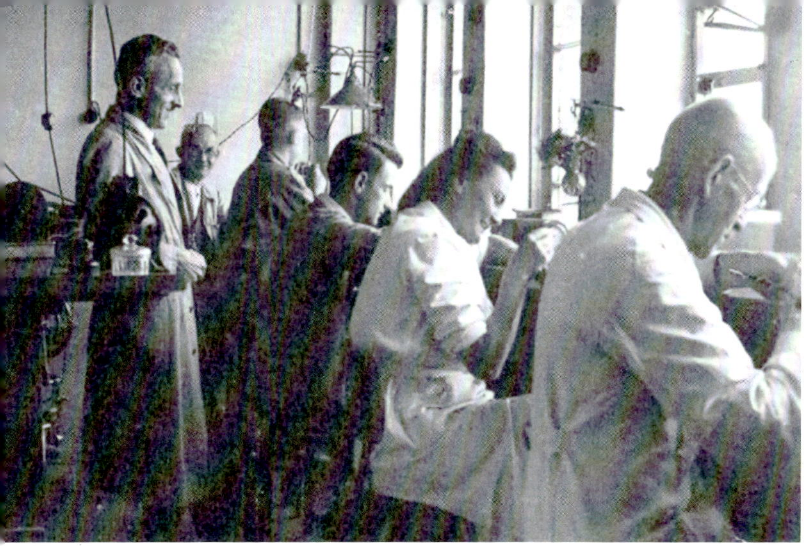

Als Uhrmacher in der Lange-Werkstatt: Walter Lange (3.v.r.), um 1947

Präzision ist alles: Walter Lange beim Drehen einer Unruhwelle

Schuluhr: Walter Langes Gesellenstück in 1-A-Qualität, von 1946

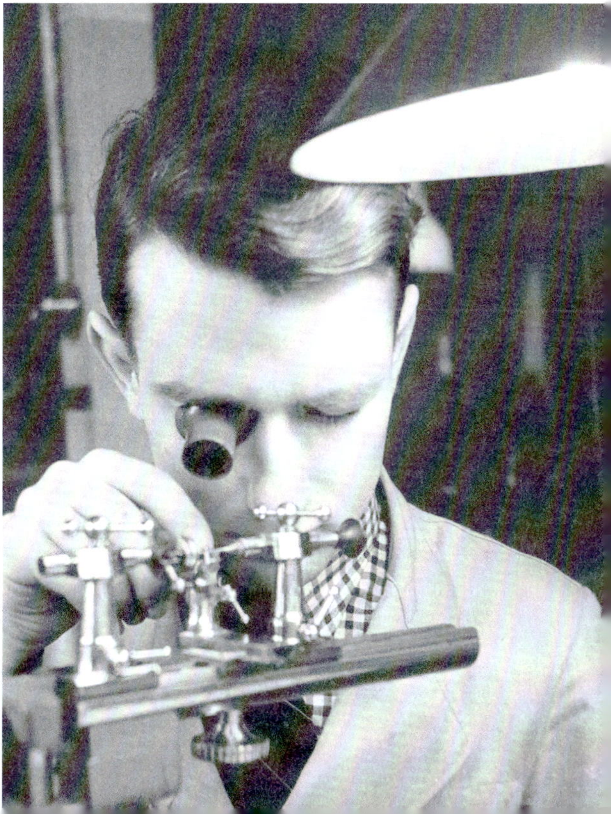

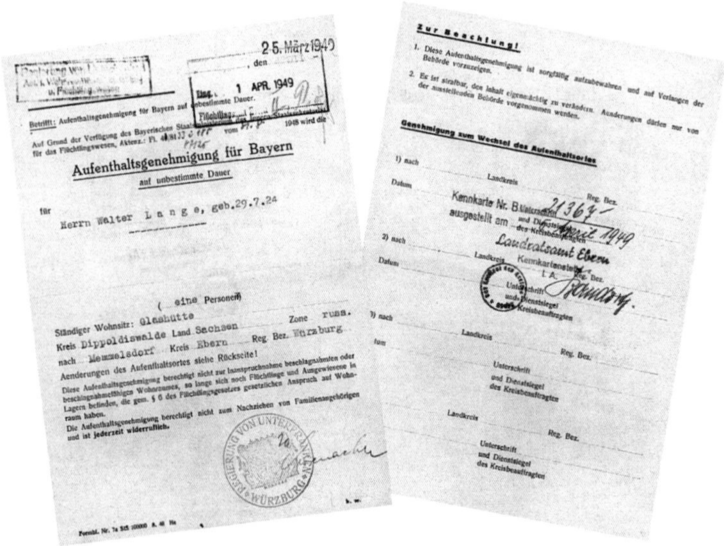

25. März 1949

Eing. 1 APR. 1949

Betrifft: Aufenthaltsgenehmigung für Bayern auf unbestimmte Dauer.

Auf Grund der Verfügung des Bayerischen Staatsministeriums des Innern, Staatssekretariat für das Flüchtlingswesen, Aktenz.: Fl. ... vom ... 1948 wird die

Aufenthaltsgenehmigung für Bayern

auf unbestimmte Dauer

für

Herrn Walter Lange, geb. 29.7.24

(eine Personen)

Ständiger Wohnsitz: Glashütte Zone russ.

Kreis Dippoldiswalde Land Sachsen

nach Memmelsdorf Kreis Ebern Reg. Bez. Würzburg

Aenderungen des Aufenthaltsortes siehe Rückseite!

Diese Aufenthaltsgenehmigung berechtigt nicht zur Inanspruchnahme beschlagnahmten oder beschlagnahmefähigen Wohnraumes, so lange sich noch Flüchtlinge und Ausgewiesene in Lagern befinden, die gem. § 6 des Flüchtlingsgesetzes gesetzlichen Anspruch auf Wohnraum haben.

Die Aufenthaltsgenehmigung berechtigt nicht zum Nachziehen von Familienangehörigen und ist jederzeit widerruflich.

Regierung von Unterfranken Würzburg

Zur Beachtung!

1. Diese Aufenthaltsgenehmigung ist sorgfältig aufzubewahren und auf Verlangen der Behörde vorzuzeigen.
2. Es ist strafbar, den Inhalt eigenmächtig zu verändern. Aenderungen dürfen nur von der ausstellenden Behörde vorgenommen werden.

Genehmigung zum Wechsel des Aufenthaltsortes

1) nach ... Landkreis ... Datum ... Reg. Bez. ... Unterschrift und Dienstsiegel des Kreisbeauftragten

Kennkarte Nr. B 21367 ausgestellt am ... April 1949 Landratsamt Ebern Kennkartenstelle I. A.

2) nach ... Landkreis ... Datum ... Reg. Bez. ... Unterschrift und Dienstsiegel des Kreisbeauftragten

3) nach ... Landkreis ... Datum ... Reg. Bez. ... Unterschrift und Dienstsiegel des Kreisbeauftragten

Landkreis ... Reg. Bez. ... Unterschrift und Dienstsiegel des Kreisbeauftragten

Angekommen im Westen: Aufenthaltsgenehmigung für Bayern, aus dem Jahr 1949

Zu Hause in Pforzheim: Walter Lange als Dreißigjähriger 1954

schen wirtschaftlichen Entwicklung. Das galt insbesondere für weite Teile des Erzgebirges und auch für Glashütte. Das große *»Berggeschrey«* hatte im 12. Jahrhundert nach der unerwarteten Entdeckung einer Silberader in der Nähe von Christiansdorf, dem heutigen Freiberg, Bergleute, Handwerker und Händler in großer Zahl ins Erzgebirge gelockt. Einen zweiten Ansturm erlebten die oberen Regionen des Erzgebirges Ende des 15. Jahrhunderts, als man dort ebenfalls auf Silbervorkommen gestoßen war. Zudem wurden an zahlreichen Standorten Blei-, Kupfer-, Zinn- und Eisenerz abgebaut - eine Entwicklung, deren Bedeutung in verschiedenen Bereichen des Erzgebirges bis ins 20. Jahrhundert reichen sollte. In anderen Regionen kam der Bergbau bereits sehr viel früher zum Erliegen, weil sich die Vorkommen erschöpften. So auch in Glashütte, wo um 1790 eine letzte kurze Blütezeit des Bergbaus begann, die Vorkommen aber schon knapp fünfzehn Jahre später endgültig zur Neige gingen. Die einzigen kargen Einnahmequellen für die Menschen in Glashütte waren nun die Landwirtschaft, das Strohflechten und Holzschnitzarbeiten. Wegen der zunehmenden Armut sandten die Stadtväter einen Brief an die sächsische Regierung nach Dresden, mit der dringenden Bitte, durch die Ansiedlung von Gewerbe in der Stadt etwas gegen die Not zu unternehmen.

Die kargen Lebensbedingungen im Erzgebirge und das unternehmerische Streben meines Urgroßvaters Ferdinand Adolph Lange führten 1843 dazu, dass er sich mit einem Brief an den Geheimen Regierungsrat Weissenbach im königlich-sächsischen Ministerium des Innern wandte, um für ein kühnes Vorhaben um Unterstützung zu bitten: Er beabsichtige, eine Taschenuhrenfabrikation zu gründen und dazu die »jungen Leute des Erzgebirges zur Uhrenfabrikation in ihrer Heimat heranzubilden und so den Grund zu einer gesicherten Zukunft für diesen Theil der Bewohner unseres Vaterlandes zu legen«.

Ferdinand Adolph Lange, am 18. Februar 1815 in Dresden geboren, hatte bereits als Schüler an der Technischen Bildungsanstalt in Dresden von den Plänen der sächsischen Regierung gehört, im Erzgebirge kleine Industrien anzusiedeln. Parallel zum Schulbesuch begann er 1830 eine fünfjährige Lehrzeit bei Johann Christian Friedrich Gutkaes und begab sich im August 1837 auf Wanderschaft, die ihn über Mainz nach Paris führte. In der französischen Hauptstadt, seinerzeit das Zentrum der Uhrmacherkunst, gelang es dem jungen, fachlich ausgezeichneten Gesellen aus Sachsen, bei dem bekannten Meister Joseph Thaddäus Winnerl, einem gebürtigen Österreicher, eine Anstellung zu finden und nebenher in den Vorlesungen des Physikers und Astronomen Arago seine wissenschaftliche Bildung zu erweitern. 1841 kehrte Ferdinand Adolph Lange, nach einem kurzen Abstecher in die Schweiz, nach Dresden zurück, trat als Teilhaber in das Geschäft seines früheren Lehrmeisters Gutkaes ein und heiratete im Jahr darauf dessen Tochter Antonia. Das Geschäft Gutkaes & Lange, das er gemeinsam mit dem Sohn von Gutkaes, Gustav Bernhard, in Dresden führte, lief sehr erfolgreich. Und dennoch ließ der Gedanke, sich vollends selbstständig zu machen, den jungen und ebenso ehrgeizigen wie visionären Uhrmachermeister offensichtlich nicht los.

Die ersten Taschenuhren

So begann Ferdinand Adolph Lange, seine Pläne von einem Uhrmacherzentrum im Osterzgebirge weiter zu konkretisieren. Sein an den Geheimen Regierungsrat Weissenbach gerichteter Vorschlag war in der sächsischen Regierung durchaus auf Interesse gestoßen. Allerdings forderte das Ministerium des Innern weitere, ausführliche Erläuterungen, die er prompt lieferte. Er wolle sich, erklärte der angehende Firmengründer in einem weiteren Schreiben, anfangs nur auf die Fertigung eines Uhrentyps beschränken und dazu fünfzehn junge Leute aus der Gegend, möglichst aus einem Ort, auswählen, »die schon mal kleine Sachen gemacht haben, wie zum Beispiel Holzschnitzereien«. F. A. Lange dachte bereits in dieser Phase der Unternehmensgründung an eine Arbeitsteilung, denn er beschrieb detailliert, welche Teile der Uhr von wie vielen Arbeitern mit welchen Werkzeugen gefertigt werden sollten. Auf dieser Grundlage berechnete er Fertigungszeiten und Kosten.

Sechshundert Uhren, kalkulierte Ferdinand Adolph Lange, würde er mit seinen fünfzehn Auszubildenden jährlich bauen können und damit deutlich günstiger sein als die internationale Konkurrenz. Schließlich präsentierte er der Staatsregierung eine Gesamtkostenrechnung seines noch zu gründenden Betriebs über vier Jahre, in der er für sich selbst – »wo ich nur für die Sache lebe« – ein Gehalt von sechshundert Talern vorsah. Sein abschließender Hinweis in dem Brief an die sächsische Regierung macht wiederum deutlich, dass F. A. Lange von Beginn an schon an eine kleine, arbeitsteilige Industrie gedacht hatte, die da im Erzgebirge entstehen sollte. Er ging davon aus, dass sich die fünfzehn jungen Leute nach ihrer fünfjährigen Ausbildung als spezialisierte Gesellen selbstständig machen würden, um als Zulieferer für den eigenen Betrieb zu fungieren. Spätestens dann, so schrieb er, dürfe man nicht nur bei einem Modell bleiben, sondern man müsse eine »größere Ausdehnung erlangen« und auch »Repetieruhren, Schlaguhren und Reiseuhren« in das Fertigungsprogramm aufnehmen.

Die ausführlichen Erläuterungen blieben in der sächsischen Staatsregierung nicht ohne Wirkung. Eine eiligst einberufene Kommission wählte unter verschiedenen Gemeinden in den Bezirken Zwickau, Bautzen und Dresden das kleine Städtchen Glashütte als idealen Standort für die Lange'sche Uhrenfabrikation aus. Und auch für das Startkapital sorgte das Innenministerium: Es gewährte meinem Urgroßvater ein Darlehen von 5.580 Talern und dazu 1.120 Taler für die Anschaffung von Maschinen, die nicht zurückgezahlt werden mussten. Im Jahr 1845 zog F. A. Lange von Dresden nach Glashütte, mietete eine Wohnung und eine Werkstatt und begann mit der Einrichtung einer Lehrwerkstatt. Unterstützt wurde er dabei anfangs von seinem früheren Schüler Adolf Schneider, dem Uhrmacher Louis Müller und - zumindest zeitweise - von seinem Schwager Gustav Bernhard Gutkaes. Die Lehrlinge suchte sich der »Jungunternehmer« in Glashütte und dem Umland selbst aus. Der 7. Dezember 1845 war dann das historische Datum: An diesem Tag wurden die fünfzehn Lehrlinge kirchlich gesegnet und die Produktion aufgenommen - es war der Beginn der Lange'schen Uhrenfabrikation. In den *Mitteilungen von und für Dippoldiswalde, Frauenstein und Umgebung* vom 13. Dezember 1845 war zu lesen, der Justizamtmann Lehmann habe zu diesem Anlass in »kräftiger Rede« vor der gesamten Einwohnerschaft Glashüttes verkündet, dass »dieser Tag der erfreuliche Anfang eines Unternehmens sei, das dereinst der Stadt und weiteren Umgegend fortdauernde Beschäftigung, ausreichenden Erwerb und alle diese Segnungen verspreche«.

Nun lief der Betrieb anfangs nicht so gut wie von Ferdinand Adolph Lange berechnet. In den ersten Jahren konnten die kalkulierten Produktionszahlen bei Weitem nicht erreicht werden. Doch er ließ sich nicht entmutigen. Während seiner Wanderjahre, vor allem während des Aufenthalts in Paris, hatte er akribisch und mit unglaublichem Fleiß die Techniken des Präzisionsuhrenbaus, die er während dieser Zeit kennenlernen und studieren konnte, in sein Wanderbuch übertragen und weiterentwickelt. Zuvor hatte Johann Christian Friedrich Gutkaes seinem frisch gebackenen Gesellen eine Widmung in das Skizzen- und Wanderbuch geschrieben und geraten, dem Uhrenbau »den Grad der Vollendung [zu] verleihen, den die Kunst von Ihrem Genius erwarten darf«. Diesem hohen Anspruch war der junge Uhrmacher vollauf gerecht geworden.

Das noch erhaltene Buch erwies sich später mit seinen zahlreichen Tabellen, Berechnungen, Baubeschreibungen und Zeichnungen als ein wahrer Fundus für die Konstruktion und den Bau ungewöhnlich präziser und, wie man heute sagen würde: innovativer Uhren. Es ist gewissermaßen die Blaupause für den großartigen Erfolg, den F. A. Lange mit seiner Uhrenfabrikation in Glashütte hatte. Zu den großen

Leistungen des jungen Unternehmers zählt außerdem die Einführung des metrischen Systems in den Glashütter Uhrenbau, womit er das bis dahin übliche Pariser Linienmaß ablöste. Und auch eine andere Vorgabe des Konzepts der Lange'schen Uhrenfabrikation ging auf: Nach einer Beschäftigungsverpflichtung von fünf Jahren ließen sich in Glashütte die Auszubildenden der ersten Generation als Selbstständige nieder, um in kleinen Ateliers spezielle Werkteile für die Lange-Fabrikation herzustellen oder zu bearbeiten. Im später bezeichneten *Verlagswesen* fertigten sie entweder Brücken und Gestellteile oder frästen Räder und Triebe, drehten Federhäuser, bohrten Lagersteine, stellten Zeiger her oder vergoldeten Bauteile der Uhren, die dann bei Lange montiert und über das Geschäft Gutkaes in Dresden verkauft wurden. Zehn Jahre, nachdem F. A. Lange sein Unternehmen gegründet hatte, zählte die Uhrenindustrie in Glashütte immerhin schon einhundert Arbeitsplätze.

1875 starb Ferdinand Adolph Lange in Glashütte, nachdem er seiner Stadt von 1848 bis 1866 auch als Bürgermeister gedient hatte. Mit seinem Ausscheiden aus dem Amt wurde er zum Ehrenbürger der Stadt ernannt und war - bis zu seinem Tod - Abgeordneter des sächsischen Landtags. In den dreißig Jahren seit der Unternehmensgründung war die Einwohnerzahl Glashüttes von 1030 auf 1722 gestiegen. A. Lange & Söhne genoss bereits einen hervorragenden internationalen Ruf, und die Glashütter Uhrenindustrie galt als ein Glanzstück der aufstrebenden sächsischen Industrie. Denn inzwischen hatten sich weitere Uhrmacher, zum Teil von meinem Urgroßvater in den Aufbaujahren ausgebildet, in Glashütte selbstständig gemacht. Auch deren Namen haben bei Sammlern hochwertiger Taschenuhren aus dem 19. und dem beginnenden 20. Jahrhundert noch einen großen Klang - etwa Adolf Schneider, Julius Assmann und Moritz Grossmann.

Eine Meisterschaft setzt sich fort

Der Tod Ferdinand Adolph Langes hatte glücklicherweise keine negativen Auswirkungen auf das Unternehmen. Im Gegenteil: Mit Richard Lange trat schon 1868 der älteste Sohn des Firmengründers in die Geschäftsleitung ein - ein Mann, der ganz offensichtlich mit der gleichen Leidenschaft Uhrmacher war wie sein Vater und der sich auch von dessen Grundsätzen leiten ließ. Seit dieser Zeit trug das Unternehmen den Namen »A. Lange & Söhne«, vorher hatte es unter »A. Lange« firmiert. Auch Richard war nach seiner Ausbildung 1864 auf Wanderschaft gegangen, zunächst nach Frankreich, wo er in Le Havre bei Simon Vissière eine Anstellung fand. Dieser war ein berühmter Schüler des Pariser Meisteruhrmachers Joseph Thaddäus Winnerl, der knapp dreißig Jahre zuvor Ferdinand Adolph Lange aufgenommen hatte. Seine Ausbildungs- und Wanderzeit schloss Richard in London bei dem seinerzeit berühmten Chronometermacher Friedrich Böhme ab, bevor er 1868 nach Glashütte zurückkehrte und in die Geschäftsleitung eintrat.

Während Richard stärker die technische Verantwortung bei A. Lange & Söhne übernahm, entwickelte der jüngere Bruder Emil, mein Großvater, der 1871 in die Geschäftsleitung eintrat, ausgezeichnete kaufmännische Fähigkeiten. Es war also schon eine kongeniale Partnerschaft, die sich im Jahr der Gründung des Deutschen Reiches zusammenfand, um noch vier Jahre gemeinsam mit dem Vater die Geschicke des Unternehmens zu übernehmen und es in seine Blüte- und Glanzzeit zu führen, die bis zum Beginn des Ersten Weltkriegs dauern sollte. Das technische und kaufmännische Geschick der Brüder war ein entscheidender Grund für den steilen Aufstieg von A. Lange & Söhne. Begünstigt wurde die Entwicklung durch eine anhaltende Phase wirtschaftlicher Prosperität und den wachsenden Wohlstand während der Gründerjahre, der den Bedarf an Luxusgütern - und somit auch an extravaganten Uhren - im In- und Ausland kräftig steigen ließ. Hinzu kam die zunehmende Weltoffenheit, die es ermöglichte, neue Märkte, beispielsweise in Nord- und Südamerika, China und Südafrika zu erschließen.

Doch wie stark der Erfolg des Unternehmens von den technischen Fertigkeiten seiner Mitarbeiter und deren Innovationen getragen wurde, zeigt die große Zahl an Patenten, die schon Ferdinand Adolph Lange, aber vor allem auch Richard Lange in Deutschland, der Schweiz und den USA auf ihren Namen eintragen ließen.

1873 wurde dann das Stammhaus an der Altenberger Straße in Glashütte gebaut. Es ist kaum überraschend, dass eine markante Uhr zum Mittelpunkt des Hauses wurde - eine von F. A. Lange erdachte Hausuhr. Deren Pendel war neun Meter lang und erstreckte sich vom Dachgeschoss über drei Stockwerke bis in den Keller. Nach der Übernahme des Stammhauses haben wir das Meisterwerk aufwendig restauriert.

1888 zog sich Richard aus gesundheitlichen Gründen aus der Geschäftsleitung zurück. Mein Großvater Emil führte das Unternehmen ausgesprochen umsichtig und erfolgreich weiter. Lange-Uhren wurden weiterhin »manufakturell« mit hohem Aufwand gefertigt, wenngleich A. Lange & Söhne den sich wandelnden Märkten ebenso Rechnung tragen musste wie die Glashütter Uhrenindustrie insgesamt. Unternehmen wie die »Glashütter Präzisionsuhren Akt. Ges.« und die »Union«, die 1904 und 1906 gegründet worden waren, zielten mit ihren Produkten auf das mittlere und untere Preissegment. Sie setzten stärker auf maschinelle Fertigung und komplette Schweizer Uhrwerke, die sie in ihren Uhren verwendeten. Den hohen Präzisions- und Qualitätsanspruch von A. Lange & Söhne konnte Emil Lange natürlich keinesfalls aufs Spiel setzen. Um aber auch im niedrigeren Preissegment Uhren anbieten zu können, führte er die Marke »Deutsche Uhrenfabrikation A. Lange & Söhne« (DUF) ein. Die Uhren dieser Produktlinie unterschieden sich von jenen der Top-Qualität durch eine weniger aufwendige Verarbeitung, das verwendete Material sowie die Aufschrift auf dem Zifferblatt.

Luxusuhren in Nöten: Das Ende der Blütezeit

Auch wenn es zunächst nicht danach aussah, endete mit Beginn des Ersten Weltkriegs die Blütezeit der Glashütter Uhrenfabrikation. So mancher Soldat mag bei der Mobilmachung im August 1914 noch geglaubt haben, der Spuk wäre schnell vorüber und spätestens Weihnachten wäre er, natürlich siegreich, wieder zu Hause. Ein schwerer Irrtum, wie sich schon bald zeigen sollte: Der vierjährige Weltenbrand mit seinen verheerenden Schlachten und blutigen Stellungskriegen sollte fast zehn Millionen Menschen das Leben kosten.

Der Beginn des Krieges war zugleich der Beginn einer langanhaltenden Krise für die bis dahin stetig gewachsene deutsche Wirtschaft. Die durch den Krieg bedingten Engpässe und Veränderungen machten sich sehr schnell bemerkbar, auch im entlegenen Glashütte und auch bei A. Lange & Söhne. So ging die Nachfrage nach präzisen Taschenuhren alter Tradition drastisch zurück, denn wer wollte sich angesichts der wachsenden Not, der dramatisch steigenden Staatsverschuldung und immer neuer Kriegsanleihen noch eine Luxusuhr leisten? Zwar konnte sich das Unternehmen mit der kriegsbedingten und alternativlosen Produktion von Marinechronometern, Deck- und Beobachtungsuhren notdürftig über Wasser halten, aber der allgemeine Produktionsrückgang war damit nicht auszugleichen: A. Lange & Söhne musste, ebenso wie die übrigen Unternehmen der Glashütter Uhrenindustrie, Mitarbeiter entlassen. Wie Reinhard Meis in seinem bemerkenswerten Werk über A. Lange & Söhne schreibt, brach für viele eine Welt zusammen: »Man konnte nicht verstehen, dass die seit Jahrzehnten geruhsame Arbeit mit gleichbleibendem Verdienst nun plötzlich aufhören sollte. Ein Teil der entlassenen Belegschaft wurde zum Kriegsdienst einberufen, der andere suchte Aufnahme in der Landwirtschaft oder blieb arbeitslos.« Die Lage für die Beschäftigten der Glashütter Uhrenindustrie wurde noch prekärer, als die Reichsregierung 1914 einen Einfuhrstopp für Schweizer Uhren und Uhrwerke erließ - die Glashütter Unternehmen, die auf Uhrwerke und Bauteile aus der Schweiz angewiesen waren, mussten bald darauf ihre Produktion ganz einstellen.

Auch eine weitere Veränderung machte dem Unternehmen A. Lange & Söhne in den Kriegsjahren zu schaffen: Auf Initiative des Zentralverbands der Deutschen Uhrmacher bildete sich eine Interessengruppe, die 1918 mit der Gründung der »Deutschen Präzisions-Uhrenfabrik Glashütte in Sachs. e.GmbH« (DPUG) eine Uhrenfabrikation ins Leben rief, die mit modernen Maschinen jährlich zehntausend Taschenuhren produzieren wollte. Zweifellos eine ernst zu nehmende Konkurrenz für A. Lange & Söhne, wenngleich eine, die auf einer völlig neuen, nämlich überwiegend maschinellen Produktionsweise aufbauen wollte. Die Herstellungsmethoden nach Schweizer Muster müssen für meinen Großvater Emil allerdings so etwas wie das Ende der Uhrmacherkunst bedeutet haben, er mochte sich auf seine alten Tage auf eine maschinelle Uhrenfertigung nicht mehr einstellen und übergab die Leitung der Firma am 1. Mai 1919 seinen Söhnen Otto, Rudolf, meinem Vater, und Gerhard. Treffender als Reinhard Meis in dem bereits erwähnten Buch hätte wohl kaum jemand den Abgang meines Großvaters Emil schildern können: »Über vierzig Jahre war er unumschränkter Herrscher über die Glashütter Uhrenindustrie und die Stadt Glashütte gewesen. Jetzt verstand er die Zeit nicht mehr, er sah seine Monopolstellung durch die vorwärtstreibende DPUG gefährdet, mit seinen zahlreichen Ämtern als Stadtrat, stellvertretender

Bürgermeister, Vorstand des Gründungsausschusses der Deutschen Uhrmacherschule, Kirchenvorstand und Mitglied weiterer Schlüsselpositionen hatte er die Geschicke der Stadt stets in seinem Interesse lenken und Entgegenlaufendes rechtzeitig abwenden können.« Diese Beschreibung macht deutlich, dass A. Lange & Söhne und Glashütte seinerzeit in einer Art Symbiose lebten - was dem Interesse des Unternehmens diente, war durchaus im Interesse der Stadt. Diese Einschätzung wird untermauert durch die öffentlichen Ämter und das soziale Engagement meines Großvaters, der unter anderem für die Lange-Belegschaft in Glashütte mehrere Häuser bauen ließ, in denen sechzig Familien eine Wohnung fanden, und der anlässlich seiner fünfzigjährigen Zugehörigkeit zur Firma 15.000 Mark in die Pensionskasse spendete.

Die Krise nach dem Krieg

1924 - in meinem Geburtsjahr - hatte Glashütte zirka 2400 Einwohner. Drei Uhrenfabrikationen, einige feinmechanische Firmen, ein wenig Handwerk, Kleingewerbe und die spärliche Landwirtschaft gaben den Menschen mehr schlecht als recht Arbeit. Ein Jahr zuvor hatte man für einen Laib Brot noch waschkörbeweise nahezu wertloses Geld zum Bäcker getragen, die galoppierende Inflation Anfang der Zwanzigerjahre hatte die Ersparnisse zahlreicher Familien vollends vernichtet. Unsere Firma gab eigenes Geld heraus, denn auf dem Weg von der Bank in Dresden bis nach Glashütte hätte die Reichsmark schon wieder an Wert verloren. Zwar hatte die im November 1923 eingeführte Rentenmark vordergründig für Stabilität gesorgt, tatsächlich jedoch erholte sich die Wirtschaft von den Nachwirkungen des Ersten Weltkriegs und der rasenden Geldentwertung, wenn überhaupt, nur sehr langsam. Betroffen von dem Niedergang waren insbesondere kleinere Unternehmer, einfache Handwerker und Händler, deren Ausstattung mit Sachkapital nicht allzu üppig war. Das galt auch für die Betriebe der Glashütter Uhrenfabrikation, insbesondere für A. Lange & Söhne.

Natürlich galt 1924 der Name Lange in Glashütte etwas. Immerhin hatte das Unternehmen zu der Zeit eine nahezu achtzigjährige, durchweg erfolgreiche Geschichte hinter sich und die Stadt Glashütte zweifellos geprägt. Den Unternehmensgründer Ferdinand Adolph Lange hatten die Stadtväter und die Glashütter Uhrmacher schon 1895, zum fünfzigjährigen Firmenjubiläum, mit einem Denkmal geehrt, das heute noch, wieder in alter Pracht, auf dem Marktplatz in der Ortsmitte steht. Mein Großvater Emil mag zu den Glanzzeiten des Unternehmens sogar ein wenig der heimliche Herrscher Glashüttes gewesen sein, für die dritte Generation der Langes galt das nicht mehr. Mein Vater Rudolf und seine Brüder Otto und Gerhard waren zwar geachtete Bürger, Otto auch noch Mitglied des Gemeinderats. Sie wurden respektiert und anerkannt. Privilegien, gleich welcher Art, genossen sie jedoch nicht. Es ist gewiss nicht übertrieben, wenn man die drei als ausgesprochen fleißig bezeichnet. Wie schon in der Generation zuvor führten sie die Firma in einer sinnvollen Arbeitsteilung.

Otto und Rudolf waren als Uhrmacher für die Technik und die technische Entwicklung zuständig, während sich Gerhard als gelernter Kaufmann mit viel Geschick um die Geschäfte kümmerte. Vor allem in den wirtschaftlich schweren Zeiten der Zwanzigerjahre mussten die drei ernsthaft um den Fortbestand des Unternehmens fürchten. Dabei galt ihre besondere Sorge dem Erhalt der Arbeitsplätze und dem Bestand der Uhrenindustrie am Ort überhaupt. Ich denke, das wussten die Glashütter richtig einzuschätzen.

Maschinen kommen nach Glashütte

Für A. Lange & Söhne war es in den Jahren nach der Inflation ausgesprochen schwierig, auf den Beinen zu bleiben und sich zu behaupten. Nur die UROFA (Uhren-Rohwerkefabrik Glashütte AG) unter der Leitung von Dr. Ernst Kurtz erkannte die Chancen der industriellen Herstellung günstiger Uhrwerke und den Trend zur Armbanduhr. Die Schweizer Konkurrenten, die schon zehn Jahre zuvor - und weitestgehend verschont vom Krieg und seinen Folgen - die maschinelle Produktion forciert hatten, waren plötzlich die Gewinner: Als die Reichsregierung 1924 die Einfuhrsperre für Schweizer Uhren aufhob, drängten die eidgenössischen Hersteller mit einer Fülle maschinell produzierter Taschenuhren, normaler Gebrauchsuhren und Armbanduhren auf den deutschen Markt. In diesem Wettbewerb waren die Glashütter hoffnungslos unterlegen, und es schien fast so, als sei ihre traditionelle Uhrenmanufaktur ein für alle Mal am Ende.

Es war höchste Zeit, konsequent umzudenken. Wie ernst mein Onkel Otto die Lage seinerzeit einschätzte, ist in einer Rede überliefert, die er am 7. Dezember 1925 zum achtzigjährigen Jubiläum des Unternehmens hielt. Nach dem Krieg sei es notwendig gewesen, den Betrieb »neuzeitlich und wirtschaftlich« zu organisieren, um sich von der Schweiz unabhängig zu machen, so Otto Lange damals. Man habe neue Maschinen beschaffen und die Arbeit rentabler organisieren müssen. Dass viele ältere Mitarbeiter und selbst Emil Lange diese Entwicklung misstrauisch verfolgt hatten, verschwieg er nicht. Aber, fuhr Otto Lange in seiner Jubiläumsrede fort, man habe dieses Misstrauen nach und nach überwinden und die Produktion auf eine »befriedigende Höhe« bringen können. Doch dann sei mit der Inflation die wirtschaftliche Not über Deutschland hereingebrochen. Vom jetzigen Ausmaß, so schließlich die alarmierende Feststellung, sei noch keine Krise gewesen, und man sehe auch keine Möglichkeit, darüber hinwegzukommen. Eine Einschätzung, die mein Vater offensichtlich teilte, auch wenn es A. Lange & Söhne glücklicherweise doch gelang, den Niedergang des Unternehmens abzuwenden. Ich erinnere mich noch gut daran, dass mein Vater sehr viel später, gegen Ende der Dreißigerjahre, bekundete, es sei erst 1936 einigermaßen sicher gewesen, dass unsere Firma überleben würde.

Es ging also in jenen Jahren um alles oder nichts. »Es ist besser, durch Konzessionen zu leben und hinter dem Schutzwall von Wertvollem zu retten, so wenig noch zu retten ist, als in Schönheit zu sterben – dies war mein Eindruck, den ich von der Lange-Fabrik mitnahm«, zitiert Reinhard Meis aus einer Reportage, die der Journalist Wolf Durian 1928 nach einem Besuch bei A. Lange & Söhne für den *Berliner Lokal-*

Anzeiger schrieb. Das hatte vor allem Otto Lange, der visionäre Uhrmacher, schon gleich nach dem Krieg erkannt und 1919 die Marke »Original Lange Internationales Werk« (OLIW) vorgestellt. Die Uhren aus diesen Produktlinien sollten weniger aufwendig verarbeitet sein und sich zudem durch die Aufschrift auf dem Zifferblatt von der Top-Qualität der Lange-Uhren unterscheiden.

Leider dauerte die Entwicklung der OLIW-Uhren auf der Basis unserer Taschenuhren, von den Werkstattzeichnungen bis zur Konstruktion der Maschinen, die für die Produktion erforderlich waren, weit länger als ursprünglich erwartet. Erst 1923 waren die Arbeiten abgeschlossen. Als dann die Inflation über Deutschland hereinbrach, war an einen Produktionsstart nicht zu denken. Erst 1925 konnten Otto, Rudolf und Gerhard Lange die »Uhrenfabrik OLIW offene Handelsgesellschaft in Glashütte« gründen und mit der Fertigung preiswerter Lange-Uhren beginnen. Die OLIW-Serienproduktion in zwei Varianten, als offene Uhr und im *Savonette-Gehäuse*, lief bis zum Beginn des Zweiten Weltkriegs.

So gelang zu retten, was zu retten war - A. Lange & Söhne starb nicht in Schönheit, sondern überlebte als einziges Unternehmen der Glashütter Uhrenindustrie die schweren Krisenjahre. Wenn auch mehr schlecht als recht - von den »Goldenen Zwanzigerjahren«, die wohl nur vermeintlich so golden waren, haben wir in Glashütte jedenfalls nichts mitbekommen.

Im Gegenteil, der Glashütter Uhrenindustrie insgesamt ging es schlechter denn je. Im Jahr 1925 stellte das Traditionsunternehmen Assmann seine Produktion ein, und die DPUG, die 1918 noch zehntausend

Taschenuhren pro Jahr hatte produzieren wollen, ging in Konkurs. Dabei stand uns die Weltwirtschaftskrise mit einer Pleitewelle ohnegleichen, mit grassierender Arbeitslosigkeit und wachsender Armut breiter Schichten noch bevor. An den »Schwarzen Freitag«, den 25. Oktober 1929, habe ich noch frühe Kindheitserinnerungen. An diesem Tag, mit seinen dramatischen Kursverlusten an den Börsen, schlitterte die Weltwirtschaft in eine ihrer schwersten Krisen. Auch in Glashütte verloren Hunderte von Menschen ihre Jobs. Die Arbeitslosen versammelten sich schließlich gegenüber unserem Stammhaus - für mich ein traumatisches Bild.

Angesichts dieser Entwicklung fielen die politischen Parolen der Nationalsozialisten auf fruchtbaren Boden. Auch in Glashütte.

Eine ganz normale Familie

Von der wirtschaftlichen Not in jenen Jahren und der Sorge um das Unternehmen bekamen meine älteren Geschwister - meine Schwestern Sylvia und Edeltraud sowie mein Bruder Ferdinand - und ich so gut wie nichts mit. Ich ohnehin nicht, denn 1930, als die Weltwirtschaftskrise auf ihren Höhepunkt zusteuerte, wurde ich gerade sechs Jahre alt und kam in die Glashütter Volksschule. Wir wohnten gemeinsam mit meinem Onkel Otto im Lange-Stammhaus an der Altenberger Straße, Onkel Otto im Erdgeschoss, wir in der ersten Etage.

Gerhard Lange hatte sich, nicht weit entfernt, ein separates Haus gebaut. Das ursprüngliche, 1873 eingeweihte Lange-Stammhaus war in der Zwischenzeit erweitert und ausgebaut und mit den Produktionsstätten verbunden worden, in denen auch die Büroräume untergebracht waren.

Wir waren, wenn man das so sagen kann, eine ganz normale Familie. Ich entstamme einer »Mischehe«: Mein Vater, ein Sachse, war evangelisch, meine Mutter, die aus Coburg stammte, katholisch. Etwa alle vier Wochen reiste ein katholischer Geistlicher an, um im (evangelischen) Glashütte in einem Raum im Hotel »Stadt Dresden« die Messe zu lesen. Zum Mittagessen kam der Pfarrer dann zu uns nach Hause. Meine älteste Schwester Sylvia, die genau an meinem fünften Geburtstag im Alter von elf Jahren viel zu früh verstarb, meine zweite Schwester Edeltraud und mein Bruder Ferdinand besuchten regelmäßig den evangelischen Kindergottesdienst.

Nach dem vierten Schuljahr in der Glashütter Volksschule wechselte ich in ein Internat nach Dresden. So gesehen war ich schon recht früh »aus dem Haus«, denn gleich danach ging ich als Sechzehnjähriger auf die Uhrmacherschule nach Karlstein in Österreich.

Meinen Vater habe ich in der Zeit, in der ich zu Hause in Glashütte war, stets als sehr liebenswürdig, höflich und uns Kindern gegenüber ausgesprochen herzlich erlebt. Er war immer sehr auf den Zusammenhalt der Familie bedacht. Wenn wir etwas unternahmen, dann möglichst gemeinsam. So gab es eine Regel in unserer Familie: Jeden Abend machten wir gemeinsam noch einen Spaziergang in der Umgebung von Glashütte.

Skepsis gegenüber den Nationalsozialisten

Zum aufkommenden Nationalsozialismus kann ich mich wohlmeinender Kommentare meiner Eltern oder meiner Onkel nicht erinnern, auch später nicht. Vielmehr wurde die Entwicklung der späten Zwanziger- und frühen Dreißigerjahre in unserer Familie insgesamt mit großer Sorge betrachtet, sowohl die krisenhafte wirtschaftliche als auch die fortwährend instabile politische Lage in Deutschland. Aus heutiger Sicht würde ich meine Eltern als ganz und gar demokratisch gesinnt bezeichnen, denen besonders »ihr« Sachsen und ihre nähere Heimat am Herzen lag. Und natürlich hofften sie in den Krisenjahren auf wirtschaftlich stabile Perspektiven, um das Unternehmen mit seiner großen Tradition endlich wieder auf einer soliden Grundlage weiterführen zu können. Dass sich mein Vater und seine Brüder in diesem Sinn auch für die Mitarbeiter ihres Unternehmens und für das Gemeinwohl stark machten, belegen eine Reihe von Aktivitäten, die von ihnen persönlich oder von A. Lange & Söhne sogar in wirtschaftlichen Krisenzeiten und in den Jahren darauf initiiert wurden. Das gilt etwa für die Unterstützung der Pensionskasse für die Lange-Mitarbeiter in Glashütte, an die außerdem alljährlich ein Bahnwaggon mit Kartoffeln und Kohle verteilt wurde.

Mit der Machtübernahme der Nationalsozialisten besserte sich die wirtschaftliche Lage spürbar, auch in Glashütte. Die neue Reichsregierung initiierte Arbeitsbeschaffungsmaßnahmen, die zum Teil über Spenden und Steuern finanziert wurden, und sorgte durch die Vergabe von Rüstungsaufträgen für Arbeit. Natürlich mussten die Unternehmen, schon um ihren Bestand zu sichern, die Spielregeln des NS-Regimes akzeptieren. Es war aber keineswegs erforderlich, die neuen Machthaber mit großem Hurra zu bejubeln. Ich habe in dieser Zeit, als Schüler im Internat in Dresden, bei meinen Eltern immer eine wachsame Skepsis gegenüber den Nazis registriert. Mein Vater und auch seine Brüder hielten ganz bewusst Distanz zu ihnen: Keiner war je Mitglied der NSDAP oder hat in irgendeiner Weise deren Gedankengut oder Politik unterstützt. Natürlich blieb auch Glashütte nicht von den Nationalsozialisten verschont. Die SA wuchs im Ort zu einer starken Organisation heran, und wenn eine Rede von Adolf Hitler im Radio übertragen wurde, sorgte sie dafür, dass sich möglichst viele Glashütter vor der Uhrmacherschule versammelten, wo zu solchen Anlässen große Lautsprecher aufgestellt wurden. Bei uns in der Firma konnten die Nationalsozialisten jedoch nicht so recht Fuß fassen. Zwar gab es einen NS-Betriebsobmann bei A. Lange & Söhne, doch der vermochte im Unternehmen so gut wie nichts auszurichten. Zu seinem Glück, denn während Obmänner anderer Glashütter Unternehmen nach dem Krieg von den Siegermächten zur Rechenschaft gezogen wurden, blieb unser Obmann unbehelligt. Bisweilen allerdings empfanden die Nationalsozialisten die Distanz, die mein Vater und seine Brüder zu ihnen hielten, wohl doch als zu groß. So schien es eine Zeit lang schon ausgemacht, einen Parteigänger in der Geschäftsleitung von A. Lange & Söhne zu platzieren, einen Mann namens Kind. In Glashütte jedenfalls wurde hinter vorgehaltener Hand schon gefrotzelt: »Jetzt sind die fast einhundert Jahre alt und bekommen noch ein Kind.« Doch so weit kam es nicht.

A. Lange & Söhne musste, wie andere Unternehmen auch, den Auflagen und Forderungen der NS- und später der Kriegswirtschaft folgen, ohne jedoch jemals mit dem Regime sympathisiert zu haben.

Meine persönlichen Erfahrungen mit dem Nationalsozialismus sind begrenzt. Als Mitglied der christlichen Jungschar wurde ich 1934, gerade zehn Jahre alt, von der Hitlerjugend, respektive dem Deutschen Jungvolk, übernommen. Anschließend, während meiner Zeit im Internat in Dresden, habe ich dann an den verpflichtenden HJ-Diensten teilgenommen, samstags, an den »Staatsjugendtagen«, ging es raus in die Heide zu Geländespielen, und in der Woche traf man sich zu den obligatorischen Heimabenden. Im Übrigen hatte ich im Internat in Dresden überwiegend Lehrer, die alles andere als verbohrte NS-Gefolgsleute waren. Im Gegenteil, sie nahmen uns vor den Parolen und der Indoktrination der Nazis, so gut es ging, in Schutz.

Der Beginn des Krieges am 1. September 1939 mit dem Überfall auf Polen hat mich nicht überrascht. Ich hatte damit gerechnet, nach den politischen Entwicklungen in den Jahren zuvor. Es war klar, dass das NS-Regime diesen Krieg um jeden Preis wollte. Die Politik und die Propaganda der Nationalsozialisten waren bekanntlich darauf gerichtet, die Westmächte zu provozieren und die deutsche Bevölkerung auf diesen Krieg einzustellen, der von den Berliner Machthabern als schicksalhaft und deshalb unausweichlich dargestellt wurde. Ich muss zugeben, dass auch ich mich von dieser Stimmungsmache habe einfangen lassen. Ich habe Anfang Oktober 1938 bei uns in Zinnwald am Schlagbaum zur tschechischen

Grenze erlebt, wie die deutschen Truppen in das Sudetengebiet einmarschierten und beiderseits der Grenze von der Bevölkerung begeistert umjubelt wurden. Die Hoffnung der Engländer, Franzosen und Italiener, mit der Abtretung des Sudetengebiets an Deutschland den Frieden in Europa sichern zu können, teilte ich allerdings nicht.

Kaum anders war es im März zuvor gewesen, bei der sogenannten Annexion Österreichs - die einmarschierenden deutschen Truppen wurden auch dort von der Bevölkerung mit wahren Begeisterungsstürmen begrüßt.

Ich war seinerzeit knapp vierzehn Jahre alt, aber mein Eindruck war, dass eine Politik, die eine solche Begeisterung auslöste - auch wenn sie ihre Truppen in unsere Nachbarländer einmarschieren ließ -, so schlecht nicht sein konnte. Meine Eltern waren da schon skeptischer, sie ließen sich weder von der NS-Propaganda noch von der allgemeinen Stimmung beeindrucken. »Es musste wohl so kommen«, war mein erster Gedanke, als dann der »Großdeutsche Rundfunk« am 1. September 1939 die Meldung vom Überfall auf Polen brachte; insgeheim hatte ich aber darauf gehofft, der Einmarsch würde ein ähnliches Ende nehmen wie der ins Sudetengebiet.

Bausatz für eine Wanduhr

Mögen andere Jungen davon geträumt haben, Lokomotivführer oder - damals ausgesprochen attraktiv - Pilot zu werden, für mich stand fest: Ich werde Uhrmacher. Es war für mich immer wieder faszinierend und spannend, wenn ich abends mit meinem Vater, der dann sozusagen die Endkontrolle machte, in die Fabrik gehen durfte. Am Werktisch in seinem Arbeitszimmer gab er mir oft ein paar Teile, an denen ich herumschrauben durfte, und zu Weihnachten bekam ich einmal einen Bausatz von Junghans für eine Wanduhr geschenkt. Natürlich hoffte mein Vater, dass ich ihm beruflich folgen würde, gedrängt hat er mich jedoch nie. Das war auch nicht nötig. Ich hatte nicht die Absicht, die Schule länger als bis zur Mittleren Reife zu besuchen. Für mich gab es immer nur die eine Frage: Wo soll ich die Ausbildung zum Uhrmacher beginnen? Zwar gab es in Glashütte seit 1878 die Uhrmacherschule, eine ausgesprochen renommierte Einrichtung, die aber zu meiner Jugendzeit keine Lehrlinge, sondern nur Gesellen zu Meistern ausbildete. Durch Zufall kam mein Vater dann auf das niederösterreichische Karlstein: Ein Uhrmacher, der sich als ausgezeichneter Fachmann erwies, hatte während eines Besuchs bei meinem Vater von den hervorragenden Ausbildungsmöglichkeiten der dortigen Uhrmacherschule geschwärmt.

Der Ort war uns in Glashütte völlig unbekannt, aber mein Vater und ich fanden die Schilderungen dieses Herrn so eindrucksvoll, dass ich bald darauf ins nördliche Waldviertel nach Karlstein zog, um dort meine Uhrmacherausbildung zu beginnen. Und ich muss sagen: Unser Gast hatte nicht übertrieben. In der schon 1883 gegründeten Schule fand ich ausgezeichnete Bedingungen vor. Gelegentlich habe ich mich gefragt, weshalb ausgerechnet das Fach »Leibesübungen« zur Ausbildung eines Uhrmachers gehörte, auf jeden Fall aber konnte man in Karlstein sein Handwerk von der Pike auf lernen. Neben den theoretischen Fächern wie Mathematik, Physik und

Chemie wurde großer Wert auf praktische Tätigkeit in der Werkstatt, auf Konstruktionsübungen und Uhrenkunde gelegt. In Karlstein fand ich, was ich mir als Einstieg in meinen Traumberuf erhofft hatte. Im Übrigen war die Zeit an der Schule für mich auch prägend, weil ich als sechzehnjähriger Lehrling - ohne die Eltern in unmittelbarer Nähe - auf mich selbst gestellt war. Sehr viel Abwechslung bot Karlstein nicht, allerdings lagen in der Umgebung, insbesondere im nördlichen Waldviertel, reizvolle Ausflugsziele, die wir Auszubildenden, wie es damals üblich war, uns erwanderten.

Während meiner Ausbildung in Karlstein hatte ich schließlich noch ein prägendes Erlebnis mit den Nationalsozialisten. Als ich im Frühjahr 1941 ins seinerzeit schon drei Jahre »annektierte« Österreich zog, hatte ich - anders als es sich für einen sechzehnjährigen Jungen in »Großdeutschland« damals vielleicht gehörte - keine HJ-Uniform im Gepäck. Als »Zivilist« fiel ich den NS-Parteigängern beim obligatorischen HJ-Dienst jedoch unangenehm auf. Als wir eines Tages mit lautem Gesang durch Karlstein marschierten, hatten die nationalsozialistischen Statthalter genug von dem Zivilisten in der Kolonne: Ich wurde zum Ortsgruppenleiter zitiert, der gleichzeitig unser Schulleiter war, und streng gerügt. Die »harte Strafe«, die man mir aufbrummte: Wegen »Rebellion im HJ-Dienst« wurde ich nicht in die NSDAP aufgenommen. Ein weiteres Mal hatte ich in dieser Hinsicht Glück, als eine Musterungskommission in Karlstein auftauchte, um Nachwuchs für die Waffen-SS zu rekrutieren. Dieses Mal zählte ich zu den tauglichen Kandidaten. Ich hatte mich bei meiner Musterung zur Wehrmacht jedoch bereits zur Luftwaffe gemeldet. Dieser Umstand hat mich davor bewahrt, Soldat der Waffen-SS zu werden. Wäre es dazu gekommen, dann wäre ich womöglich in die unmenschlichen Gräueltaten der SS hineingezogen worden.

Krieg und Verlegung an die Ostfront

Im August 1942, drei Wochen nach meinem achtzehnten Geburtstag, erreichte mich in Karlstein der Brief, mit dem ich schon gerechnet hatte - die Einberufung zum Wehrdienst. Ich zählte nun ganz und gar nicht zu denjenigen, die es kaum erwarten konnten, für das Vaterland in den Krieg zu ziehen, aber ich empfand den Wehrdienst als meine Pflicht und nahm es als normal hin, auch mitten in meiner Ausbildung eingezogen zu werden. Also packte ich in Karlstein meine Koffer und fuhr nach Glashütte, um noch einige Tage bei meinen Eltern zu verbringen, die im September ihre Silberhochzeit feierten. Mein Bruder Ferdinand war bereits eingezogen, sodass meine Schwester Edeltraud und ich diesen Tag gemeinsam mit unseren Eltern verbrachten. Mein Vater hatte Karten für die Semperoper besorgt, übernachtet haben wir im Hotel Bellevue, direkt neben der Oper. Beim Frühstück am nächsten Morgen saß Gerhart Hauptmann mit seiner Frau am Nebentisch. Der große Dramatiker und Schriftsteller hat mich schon sehr beeindruckt: Ich sehe den Charakterkopf mit seinem schlohweißen Haar noch heute vor mir.

Gerhart Hauptmanns Wirken ist eng mit Dresden und Sachsen verbunden, spät erst fand er zum Theater. In Schlesien geboren, war er zunächst an der Bildenden Kunst interessiert und trat 1884 als Zweiundzwanzigjähriger in die Zeichenklasse der Königlichen Kunstakademie in Dresden ein. 1901 zog er, nun als Dichter, nach Agnetendorf im Riesengebirge ins »Haus Wiesenstein«, das im Wechsel mit Berlin, der Ostseeinsel Hiddensee und später Italien zu seinem festen Wohnsitz wurde. Im Februar 1945 erlebte Gerhart Hauptmann die Bombenangriffe auf Dresden, die ihn schwer erschütterten. Hauptmann erholte sich nicht mehr davon, am 6. Juni 1946 verstarb der Dichter in Agnetendorf und wurde am 28. Juli auf dem Friedhof von Kloster auf Hiddensee beigesetzt.

Das kulturelle Leben Dresdens bot meinen Eltern und uns Kindern eine gelegentliche Abwechslung, denn in Glashütte war, wie man heute sagen würde, nicht viel los. Und Dresden war in den Zwanziger- und Dreißigerjahren zweifellos ein kulturelles Glanzlicht in Deutschland. Herausragend natürlich die Semperoper. Die erste wurde an dem Platz, an dem sie sich heute noch befindet, von 1838 bis 1841 von Gottfried Semper erbaut. Im April 1841 wurde das Haus mit Goethes Schauspiel »Torquato Tasso« und Webers »Jubel-Ouvertüre« eröffnet. Der erste Semperbau fiel 1869 einem Feuer zum Opfer. 1871 begann Gottfried Semper mit dem Bau der zweiten Oper. Der Neubau wurde im Februar 1878 wieder mit Webers »Jubel-Ouvertüre« und Goethes »Iphigenie auf Tauris« feierlich eingeweiht.

In der Nacht vom 13. zum 14. Februar 1945 wurde die Semperoper beim großen Bombenangriff auf Dresden vollends zerstört. Zwischen 1952 und 1956 stellte man zunächst die äußere Gestalt des Gebäudes wieder her, 1977 schließlich wurde der Grundstein für einen originalgetreuen Wiederaufbau gelegt - eines der großen Renommierprojekte der DDR-Regierung. 1985 feierten die Dresdner die Wiedereröffnungspremiere mit der Aufführung von Webers Oper »Der Freischütz«. Eine ganze Reihe großer Komponisten, Musikdirektoren und Dirigenten setzten in Dresden und in der Semperoper kulturelle und musikhistorische Akzente. So machte Carl Maria von Weber Dresden im 19. Jahrhundert zu einem Zentrum der musikalischen Romantik, Richard Wagner wirkte an der Semperoper und komponierte hier seinen »Tannhäuser« und »Lohengrin«, und Robert Schumann verlebte in Dresden seine fruchtbarsten Jahre. Um die Jahrhundertwende schrieb die Dresdner Oper mit Uraufführungen von neun Opern des Komponisten Richard Strauss erneut Musikgeschichte.

Aber es waren nicht nur die Klassik und das große Theater, die Dresden zu einem kulturellen Zentrum machten. Ich kann mich noch gut daran erinnern, dass Anfang der Vierzigerjahre im Dresdner Schauspielhaus das Volksstück »Schneider Wippel« aufgeführt wurde. Ich war davon begeistert, denn den Anton Wippel spielte kein Geringerer als Erich Ponto, ein großartiger Darsteller skurriler Sonderlinge, der nach dem Krieg noch in zahlreichen Filmen, unter anderem in der »Feuerzangenbowle«, glänzte.

Am 14. Oktober 1942 war es dann so weit: Da ich im »annektierten« Österreich wohnte - im Nazi-Jargon »Ostmark« -, musste ich mich bei einer Einheit in Hollabrunn nördlich von Wien melden. Im ganzen Bataillon war ich der einzige »Piefke« unter lauter Niederösterreichern und Wienern. Wir wurden eingekleidet und schon wenige Tage später zur weiteren Ausbildung ins holländische Leiden verlegt. In den nahe gelegenen Dünen von Katwijk übten wir den Gefechtsdienst und ließen Platzpatronen krachen. Gleichzeitig aber gehörten wir - als Rekruten - zur Besatzungstruppe im südlichen Holland und trugen deshalb immer eine zweite Patronentasche mit scharfer Munition bei uns. Die allerdings war verplombt, damit wir während unserer Gefechtsübungen in der Hektik nicht die falsche Patrone erwischten. Nach dem ersten Schliff in den Katwijker Dünen wurde ich nach Delft versetzt, etwa sechzig Kilometer südlich von Leiden, wo ich in einer Infanteriekompanie einen verhältnismäßig ruhigen Dienst schieben konnte. Doch dann kam der Befehl, vor dem ich mich insgeheim immer gefürchtet hatte - die Verlegung an die Ostfront, nach Russland.

Über den tatsächlichen Kriegsverlauf wusste ich wenig. In Karlstein hatte ich an meinem »Volksempfänger« regelmäßig die Erfolgsmeldungen des »Großdeutschen Rundfunks« gehört, die mit der Realität natürlich wenig zu tun hatten. Das war mir schon bewusst. Als dann am 22. Juni 1941 die Nachricht vom Überfall Deutschlands auf die Sowjetunion gesendet wurde, war mein erster Gedanke: »Das kann nicht gut gehen.« Ich musste an die verlustreiche Niederlage Napoleons denken und befürchtete, auch wir würden uns in der Weite des Landes totlaufen. Auch wenn die deutschen Truppen zunächst zügig nach Osten vordringen konnten, wurde meine Skepsis mit zunehmender Dauer des Krieges immer mehr bestätigt. Im Dezember 1941 kam der deutsche Vormarsch sechzig Kilometer vor Moskau zum Stillstand.

Das war die entscheidende Wende des Krieges, daran konnten auch die Erfolge in der Sommeroffensive 1942 - etwa die Einnahme Charkows, die

Überschreitung des Dons oder der Vormarsch Richtung Kaukasus - nichts mehr ändern. Seit August kämpften die Deutschen erbittert und unter hohen Verlusten um Stalingrad, im November wurden sie dort von der Roten Armee eingekesselt. Am 1. Februar 1943 musste die 6. Armee kapitulieren; rund einhundertfünfzigtausend deutsche Soldaten waren bis dahin den Kämpfen, der Kälte oder dem Hunger zum Opfer gefallen. Mehr als neunzigtausend gerieten in Kriegsgefangenschaft. Die Schlacht um Stalingrad markierte einen psychologischen Wendepunkt im Krieg. Ab diesem Zeitpunkt war der Glaube an den »Endsieg« in der deutschen Bevölkerung meiner Wahrnehmung nach kaum noch vorhanden.

In diesem Februar 1943 rumpelte ich nun in einem Güterwagen in Richtung Russland, bis nach Poltawa, einer Stadt in der Ukraine, die damals rund einhundertdreißigtausend Einwohner zählte und in der russischen Geschichte eine bedeutende Rolle gespielt hatte: Im dritten Nordischen Krieg schlugen die Russen unter Zar Alexander dem Großen 1709 in der Schlacht bei Poltawa die Schweden vernichtend. Diese Schlacht bedeutete das Ende Schwedens als Großmacht und den Aufstieg Russlands. Von Poltawa marschierten wir in zwei Tagen über einhundert Kilometer bis in die Nähe von Belgorod nördlich von Charkow, der Stadt, die knapp ein Jahr zuvor von den Deutschen erobert worden war. Seit dem Frühjahr 1943 versuchte die Rote Armee mit aller Macht, Charkow zurückzuerobern. Um die immer stärker werdenden sowjetischen Truppen noch einmal zurückzudrängen, starteten die Deutschen am 5. Juli 1943 ihre letzte große Offensive an der Ostfront. Sie setzten mit der Operation »Zitadelle« alles auf eine Karte: An dem Frontabschnitt wurden rund neunhunderttausend Soldaten, tausendachthundert Flugzeuge, zweitausend Panzer und zehntausend Geschütze zusammengezogen. Im sogenannten Kursker Bogen geriet das Aufeinandertreffen der deutschen Verbände und der Roten Armee zur größten Panzer- und Vernichtungsschlacht des Zweiten Weltkriegs.

Doch wir hatten der anstürmenden Roten Armee immer weniger entgegenzusetzen, pausenlos lagen wir unter schwerem Feuer. Für uns war jeder Tag ein Kampf um unser Leben, den wir kaum gewinnen konnten. Einmal war es ausgerechnet mein Soldbuch, das mich vor einer schweren Verletzung oder vielleicht sogar vor dem Tod bewahrte: Ich trug es, wie von der Heeresdienstvorschrift verlangt, in der linken Brusttasche. Genau dort traf mich aus nächster Nähe ein Granatsplitter. Er blieb im Soldbuch stecken und ich blieb unversehrt. Es kommt mir heute schon etwas merkwürdig vor, aber Angst habe ich damals nicht empfunden. Vermutlich war es eine Art Selbstschutz angesichts des Schreckens und des Sterbens um uns herum. Wenn die schweren Gefechte etwas nachließen, bekamen wir Jungen oft den Befehl, an den vorderen Linien gefallene Kameraden zu bergen, um sie anhand ihrer Erkennungsmarken zu identifizieren und mit dem bisschen Würde, das die Grausamkeit des Krieges zuließ, zu bestatten. Aus heutiger Sicht vielleicht makaber, aber wir, achtzehn Jahre oder wenig älter, machten uns mit einem lockeren Spruch oder gar einem Witz auf den Weg durch das feindliche Restfeuer - auch das nichts anderes als Selbstschutz in einem fast schon aussichtslosen Kampf.

Nach weniger als zwei Wochen schlug die Operation »Zitadelle« endgültig fehl, die Gegenoffensive der deutschen Verbände war den zahlenmäßig weit überlegenen sowjetischen Truppen nicht mehr gewachsen. Im August gaben die Deutschen Charkow auf, im September begann der Rückzug.

Mit schwerer Gelbsucht zurück nach Sachsen

Die Offensive der sowjetischen Truppen blieb mir zum Glück erspart. Man muss es wohl schon so sagen: Mein Vorteil war, dass ich krank wurde. Noch im Juli erwischte mich eine schwere Gelbsucht. An der Front, so entschied der Stabsarzt, könne ich die Krankheit nicht auskurieren. Also hieß es: ab in Richtung Heimat. In einem Lazarettzug, in dem es zum Teil schon an den notdürftigsten Medikamenten und medizinischem Material fehlte, fuhr ich eine Woche lang durch die noch von den Deutschen besetzten Gebiete. Ich hatte nicht die geringste Ahnung, wohin es mich verschlagen würde, aber das hätte ich mir nun wirklich nicht träumen lassen: Man schickte mich zurück nach Deutschland, ausgerechnet nach Sachsen, in ein Lazarett nach Zittau. Dort habe ich mich auskuriert und erholt und muss zugeben, dass ich im Lazarett und in Zittau eine sehr schöne Zeit hatte. Ich konnte meine Eltern wiedersehen, durfte ein paarmal nach Glashütte fahren und zeitweise auch arbeiten - bei einem Uhrmacher in Zittau.

Nach der Genesung war es dann mit der schönen Zeit leider vorbei. Meine Hoffnung, bei einem Verband im Westen eingesetzt zu werden, erfüllte sich nicht, wieder ging es nach Russland an die Ostfront. Man hatte mich ins bayerische Traunstein zu meinem Ersatztruppenteil kommandiert, der kurz darauf auf den Truppenübungsplatz Heuberg verlegt wurde. Im Juli 1944 wurden wir von dort an die Front nach Litauen verlegt. Doch die deutschen Truppen waren längst auf dem Rückzug, auch an diesem Abschnitt hatten wir der Roten Armee nichts mehr entgegenzusetzen. Wir mussten uns nach Ostpreußen zurückziehen. Ich kann mich noch gut erinnern: Als ich an einem Gebäude einen gelben - einen deutschen - Briefkasten sah, war mir klar, wir haben den Krieg jetzt im eigenen Land, und es ist ziemlich aussichtslos, noch auf eine Wende zu hoffen. Mitte Oktober überrannten sowjetische Truppen erstmals die Grenze zum Deutschen Reich und drangen nach Ostpreußen ein. Gleich in den ersten Tagen entlud sich der aufgestaute Hass sowjetischer Soldaten, die von Flugblättern noch aufgepeitscht wurden, rücksichtslos Rache zu nehmen. Es kam in zahlreichen Fällen zu unvorstellbaren Grausamkeiten.

Mit den herannahenden sowjetischen Truppen nahm auch ein weiteres tragisches Kapitel des Zweiten Weltkriegs seinen verhängnisvollen Lauf: die Flucht und die Vertreibung aus dem Osten. Flucht war von den NS-Machthabern strengstens verboten worden, zudem waren die Menschen über den tatsächlichen Verlauf der Front nicht informiert. Ein paar wenige mögen gar noch an den von der NS-Propaganda beschworenen Endsieg geglaubt haben. Umso größer war das Chaos, als sich Millionen Menschen in panischer Angst vor den sowjetischen Truppen zur Flucht entschlossen - eine Flucht, die am Ende 2,8 Millionen Opfer fordern sollte.

Verwundungen und Flucht über die Ostsee

Mir war klar, dass die bis an die Grenzen der Belastbarkeit erschöpften und kaum mehr versorgten deutschen Soldaten die Rote Armee nicht mehr würden aufhalten können. Im Oktober 1944 wurde ich in einem der immer aussichtsloser werdenden Gefechte verwundet - ein Durchschuss meines rechten Oberschenkels. Wieder schaffte man mich in ein Lazarett, diesmal leider nicht nach Zittau, sondern nach Gnesen in der Provinz Posen. Eine Provinz mit einer wechselvollen Geschichte: Bei den Teilungen Polens im 18. Jahrhundert ging Posen an Preußen, nach dem Ersten Weltkrieg wurde die Region durch den Versailler Vertrag ein Teil der neuen polnischen Republik. 1939 wurde Posen vom NS-Regime als »Warthegau« dem Deutschen Reich einverleibt. Noch lag Gnesen weit genug von den heranrückenden sowjetischen Truppen entfernt; so gesehen war ich trotz der Verwundung gar nicht mal so schlecht dran. Nachdem ich leidlich wiederhergestellt war, bekam ich noch drei Wochen Genesungsurlaub, den ich bei meinen Eltern in Glashütte verbringen durfte. Es war schon erstaunlich: In Glashütte verlief das Leben beschaulich und alltäglich wie immer. Ganz so, als ob es den mörderischen Krieg nur ein paar hundert Kilometer entfernt gar nicht gäbe. Einen Luftangriff hatte die Stadt bis dahin nicht erlebt, ebenso wenig die meisten anderen Städte Sachsens und selbst Dresden nicht.

Schon Ende November musste ich mich wieder auf den Weg an die Ostfront machen. Unser Transport war diesmal allerdings weit kürzer als die beiden Male zuvor: Er endete schon im masurischen Goldap.

Für ein paar Wochen versuchte meine Einheit noch gemeinsam mit anderen Verbänden, die Front im angrenzenden Litauen zu halten, doch schon Weihnachten 1944 wurden wir zurückverlegt in die Niederungen des Flusses Narew südlich von Ostpreußen. Mitte Januar begann dann der Großangriff der Roten Armee gegen Ostpreußen. Die sowjetischen Truppen rückten unter schwerem Feuer unaufhaltsam vor. Auch für meine Einheit gab es am 22. Januar am Narew kein Halten mehr, wir wurden nach Königsberg verlegt. Vier Tage später erreichte die Rote Armee bei Elbing jedoch das Frische Haff und schnitt damit Ostpreußen vom übrigen Reichsgebiet ab. Die einzige Möglichkeit zur Flucht bot nur noch die Ostsee.

Auch ich saß in dieser Falle. Besonders verhängnisvoll für mich: Ich wurde am 1. Februar 1945 erneut schwer verwundet. Als Kompaniemelder war ich im Gelände in gezieltes Infanteriefeuer geraten. Flach auf dem Boden liegend, zerschlug ein erstes Geschoss mein Gewehr, kurz darauf traf ein Querschläger den Oberschenkel meines linken Beines. Von mittags bis abends stellte ich mich tot. In der Dunkelheit gelang es mir schließlich, mich an einen Waldrand vorzuarbeiten, wo ich auf Kameraden traf, die mich in Sicherheit brachten. Vom Verbandsplatz bin ich dann mit einem Omnibus zunächst nach Zinten und anschließend weiter über Mehlsack nach Braunsberg ins Lazarett gelangt. Die erste Annahme der Sanitäter, ich sei mit einem glatten Durchschuss wieder einmal einigermaßen glimpflich davongekommen, erwies sich leider als falsch. Nach einer Woche eiterte das deformierte Geschoss aus der mittlerweile infizierten Wunde heraus. Grund genung, mich in eine provisorisch eingerichtete Operationsstation einzuliefern, wo mich eine brutale Prozedur erwartete. Der operierende Arzt schnitt den Schusskanal auf und fuhr mit den Fingern hinein, um ihn zu reinigen und nach allen Seiten zu drücken, damit der restliche Eiter abfloss - das alles ohne jede Narkose. Ich kann mich noch gut erinnern: Ich habe vor Schmerzen geschrien und mit beiden Händen die Handgelenke eines hinter mir stehenden Sanitätsfeldwebels so fest umklammert, dass auch der vor Schmerzen aufheulte. Von dem Arzt erfuhr ich später, dass ich nur ein paar Millimeter vom sicheren Tod entfernt gewesen war. Um ein Haar hätte das verirrte Geschoss meine große Beinarterie getroffen und ich wäre dort draußen im Gelände, wo es mich erwischt hatte, mit Sicherheit verblutet.

Über Braunsberg tobte in den ersten Februartagen 1945 ein Luftangriff nach dem anderen; das kleine Lazarett, in dem ich untergekommen war, bot keine Sicherheit mehr. So fuhr man mich am 8. Februar mit einem Lastwagen bis an die Straße, auf der Zehntausende von Flüchtlingen Richtung Frisches Haff strömten, in der Hoffnung, über den Ostseehafen Pillau evakuiert zu werden. Südwestlich von Königsberg hielten die Deutschen immer noch einen Brückenkopf, in dem sich ebenfalls Zehntausende von Menschen auf der Flucht drängten. Deren Rettung war auch das zugefrorene Frische Haff, über das sie auf den schmalen Sandstreifen der Frischen Nehrung und von dort nach Danzig gelangen konnten, das noch gehalten wurde. Ich hatte das Glück, noch aus dem Lazarett herausgekommen zu sein. Stark geschwächt - die Wunde an meinem Oberschenkel hatte sich immer wieder entzündet und eiterte schlimm - wurde ich einem Treck ziviler Flüchtlinge übergeben und fand Platz auf einem Pferdewagen, der uns über das zugefrorene Frische Haff nach Danzig bringen sollte. Die Menschen waren selbst alle in großer Not, dennoch war es nahezu unglaublich, wie sie sich um mich gekümmert und mir geholfen haben.

Es führten mehrere Trassen über das Eis zur Frischen Nehrung, auf denen Pioniere Spalten gekennzeichnet und dünne Eisschichten verstärkt hatten. Trotzdem war der Weg gefährlich: Es war inzwischen Mitte Februar und das Eis schon angeschmolzen und brüchig. Immer wenn der Treck zum Stehen kam, bog es sich bedrohlich durch und die Pferde standen bis über die Hufe im Wasser. Allzu oft hatte das Eis unter der Last schwerer Gespanne auch nachgegeben. Der Weg zur Frischen Nehrung war gesäumt von eingebrochenen Fuhrwerken, deren Zugpferde und Besatzungen im bitterkalten Wasser den Tod gefunden hatten. Aber ich hatte wieder Glück: Wir überquerten das Haff nachts, das Eis hielt, und wir erreichten am frühen Morgen bei Kahlberg die Nehrung. Der schmale Dünenstreifen war zu diesem Zeitpunkt der einzig noch verbliebene Weg aus dem eingekesselten Ostpreußen - fast zu schmal für die Masse der Flüchtlinge, die Richtung Stutthofen drängten, auf der ungeschützten Nehrung immer in der Furcht vor Luftangriffen. Wir blieben zum Glück verschont. Rund eine Million Menschen versuchten in diesen Wochen, sich über das Eis und die Nehrung in Sicherheit zu bringen, mehr als fünfzigtausend kamen dabei um.

Vier Tage nach dem Aufbruch von Braunsberg und nach einem weiteren Tag in Praust, wo ich in einem Krankenrevier Platz fand, wurde ich per Sanitätsfahrzeug nach Danzig ins Kriegslazarett gebracht. In der eingeschlossenen Stadt und den nördlich davon gelegenen Dünenwäldern drängten sich unvorstellbare Massen von Flüchtlingen. Immer wieder gerieten sie unter Beschuss durch sowjetische Tiefflieger. Die Hoffnung, schnell von einem Schiff Richtung Westen aufgenommen zu werden, erfüllte sich immer seltener. Und selbst der Weg über die Ostsee nach Kiel, Neustadt oder in einen dänischen Hafen war alles andere als sicher. Ein paar Wochen zuvor, in der Nacht zum 30. Januar 1945, war die »Wilhelm Gustloff« aus Gotenhafen ausgelaufen, mit mehr als zehntausend Menschen an Bord. Nur wenige Stunden später wurde das ehemalige *KdF-Schiff* vor der Ostseeküste von drei Torpedos eines sowjetischen U-Bootes getroffen. Die »Wilhelm Gustloff« sank bei eisigen Temperaturen von achtzehn Grad unter null in weniger als sechzig Minuten und riss über achttausend Menschen, darunter dreitausend Kinder, in den Tod - der Untergang des Flüchtlingsschiffs war eine der größten Katastrophen der Seefahrt überhaupt. Doch auch die Schiffe, die noch im Hafen lagen, wurden von sowjetischen Fliegern immer wieder beschossen, ebenso das Kriegslazarett. Für mich war das besonders gefährlich, weil ich aufgrund meiner Verwundung nicht in der Lage war, das Bett zu verlassen, um in einem Keller Schutz zu suchen.

Der Ring um Danzig wurde immer enger, die Lage der Flüchtlinge und Verwundeten immer kritischer. In den letzten Märztagen begann deshalb die Räumung des Gebiets und die Evakuierung der Bevölkerung auf die Halbinsel Hela. Auch mich verschlug es am Ende der Flucht nach Hela, allerdings erst nach einigen Irrwegen. Wie die Stadt wurde auch das Lazarett, in dem ich mich befand, geräumt. In einem Lazarettzug gelangten die verletzten Soldaten zunächst in die nur wenige Kilometer entfernte Ortschaft Neufahrwasser. Zwei Tage später ging es mit dem Omnibus nach Weichselmünde, wo wir in der dortigen Zitadelle untergebracht wurden. Der trutzige Bau wurde kurzerhand zur Festung erklärt, um uns, wie es hieß, vor Bomben und Granaten zu schützen, vermutlich aber, um uns den nahenden sowjetischen Truppen als Kriegsgefangene zu übergeben. In diesem Fall wären die Torturen der Flucht über das Eis und die Nehrung vergeblich gewesen.

Doch dann schöpfte ich wieder Hoffnung: Völlig überraschend wurden wir Verwundeten am Morgen des 28. März auf Panjewagen geladen. Die Fahrt ging jetzt wieder Richtung Osten, bis wir am Nachmittag den im Weichseldelta gelegenen kleinen Ort Bohnensack erreichten. Dort übernahm uns ein Landungsboot, das uns in einer Nachtfahrt nach Hela übersetzen sollte. Ich spürte schon eine Art Erleichterung, als wir die Halbinsel Hela erreichten und die ersten Verwundeten an Land gebracht wurden. Dann plötzlich ein Angriff sowjetischer Tiefflieger. Eine Bombe traf mitten in eine Gruppe, die das Boot gerade verlassen hatte - wohl keiner überlebte. Der Kommandant des Bootes handelte geistesgegenwärtig. So schnell es nur ging, nahm er mit uns, dem Rest Überlebender, wieder Kurs auf See. Erst am Abend, in der Dunkelheit, liefen wir ein zweites Mal Hela an und gelangten unversehrt an Land und in einen Speicher, wo wir die Nacht verbrachten.

Der nächste Tag war ein wunderschöner Frühlingstag. Auf der schmalen, weit in die Danziger Bucht hineinreichenden Halbinsel indes herrschte ein unvorstellbares Flüchtlingschaos. Zigtausende von Menschen warteten am Hafen von Hela, wohl jeder mit dem einzigen Gedanken, hoffentlich rechtzeitig auf ein Schiff zu gelangen. Noch waren Schiffe der Marine, Frachter und vor allem die großen Passagierschiffe im Einsatz, um von Hela aus zivile Flüchtlinge - Frauen und Kinder - sowie verwundete Soldaten in Sicherheit zu bringen. Aber der Brennstoff wurde knapp, denn der Nachschub an Kohle blieb aus, und die Lagerbestände, ob Kohle oder Öl, reichten nur noch für wenige Wochen. So war das Gedränge riesengroß, jeder versuchte, einen Platz an Bord des Schiffes zu ergattern.

Als wir morgens unser Nachtlager in dem Speicher verließen, sah ich zum ersten Mal die »Cap Arcona«, die uns nach Kopenhagen bringen sollte. Ich hatte noch nie zuvor einen »Ozeanriesen« zu Gesicht bekommen und ich muss zugeben, dass mich die drei mächtigen Schornsteine der »Cap Arcona«, der einstigen »Königin des Südatlantiks«, schon sehr beeindruckten. Als ich dann endlich an Bord humpelte, vermittelte der schwimmende Gigant, der etwa eine Meile vor Hela auf Reede vor Anker lag, immerhin ein Gefühl der Sicherheit. Ich durfte mich auf dem Salondeck in einem Saal einquartieren. Vom einstigen Luxus des Dampfers war allerdings wenig zu sehen. Der Salon war ein Matratzenlager, und die feinen Gobelins an den Wänden hatte man mit einem Bretterverschlag geschützt. Auch hier hatte ich wieder Glück. Ein zum Reinigungsdienst Abkommandierter stellte seinen Besen unweit meines Matratzenlagers ab und verschwand. Als geraume Zeit vergangen war und er nicht zu seinem Besen zurückkam, nahm ich mich dieses Geräts an. Aber nicht, um zu kehren, sondern ich trennte den Besen vom Stiel. Den verbarg ich unter meiner Matratze, und er begleitete mich auf meiner weiteren Odyssee in Ermangelung von Krücken oder eines Stocks als nützliche Gehhilfe. Doch gemessen an den Strapazen und Entbehrungen während der letzten Kriegswochen und vor allem während der Flucht schien mir das hier als der wahre Luxus.

Es war Karfreitag, der 30. März 1945, als die »Cap Arcona« gegen 20.30 Uhr die Anker lichtete und in See stach, mit Kurs auf Kopenhagen. Nach zwei Tagen erreichten wir die dänische Hauptstadt, mussten allerdings noch drei Tage auf Reede liegen. Ein kleineres Schiff namens »Wartheland« kam dann längsseits, um nach und nach die Soldaten und Flüchtlinge zu übernehmen und in den für die »Cap Arcona« zu engen Hafen zu schippern. Am 5. April 1945 konnte ich den Fuß wieder an Land setzen, wenn auch in Dänemark, aber doch mit dem befreienden Gefühl, dem mörderischen Krieg und einer ungewissen Kriegsgefangenschaft in sowjetischen Lagern, die noch so viele deutsche Soldaten das Leben kosten sollte, erst einmal entkommen zu sein.

Die »Cap Arcona« hatte in diesem Frühjahr in drei Fahrten rund sechsundzwanzigtausend Flüchtlinge in den rettenden Westen transportiert, doch die Fahrt nach Kopenhagen sollte die letzte gewesen sein. Am 14. April lag der ehemalige Luxusliner mit Maschinenschaden in der Lübecker Bucht vor Neustadt. In den Tagen darauf zwang die SS mehr als fünftausend KZ-Häftlinge auf das Schiff, die unter

Deck eingeschlossen wurden. Am 3. Mai griffen englische Jagdbomber die »Cap Arcona« an und schossen sie und zwei Begleitschiffe mit Bomben und Raketen in Brand. In einem zweiten Angriff feuerten die Piloten im Tiefflug auf die im Wasser treibenden Überlebenden. Von den KZ-Häftlingen, die sich an Land retten konnten, wurden viele von SS-Leuten erschossen. Nur etwa dreihundertfünfzig Häftlinge überlebten die Katastrophe, deren Hintergründe lange Zeit ungeklärt blieben. Die Engländer wähnten auf der »Cap Arcona« Nazi-Größen, die sich nach Skandinavien absetzen wollten. Ein tragischer Irrtum, der viele tausend Menschen das Leben kostete. Das war auch das Ende »meines« Rettungsschiffs – die »Cap Arcona« brannte aus und sank im flachen Wasser.

Es war wieder einmal ein Speicher, unmittelbar am Hafen von Kopenhagen, in dem ich, zusammen mit zahlreichen anderen verwundeten Soldaten von der »Cap Arcona«, zunächst untergebracht wurde. Doch schon am 7. April, nachts gegen drei Uhr, wurden wir auf einen Zug verladen, mit dem wir ins knapp einhundert Kilometer entfernte Korsör gebracht wurden. Eine Fähre setzte uns am nächsten Tag über den großen Belt nach Nyborg über. Nach drei Tagen bekam ich einen Platz in einem Lazarettzug. Wohin die Reise führte, konnte ich von meinem Krankenlager in dem Waggon aus nicht erkennen. Nur so viel, dass es zunächst über die Insel Fünen Richtung Westen ging. Im dänischen Vendrup musste der Zug für mehrere Stunden stoppen, weil die Strecke gesprengt worden war. Später habe ich dann registriert, dass wir durch Schleswig fuhren. Weiter ging es Richtung Süden durch ganz Deutschland, durch den immer schmaler werdenden Korridor, der noch nicht von den Alliierten besetzt war. Andere Züge, auch Lazarettzüge, wurden beschossen und gestoppt, es gab dabei Verwundete und Tote - uns geschah nichts. Am 13. April passierten wir Wittenberge, zwei Tage darauf, nach einer Fahrt zwischen den Fronten, erreichte der Zug Dresden. Keiner von uns, vermutlich nicht einmal das Zugpersonal und die Sanitäter, die uns begleiteten, hatten in Kopenhagen und während der Fahrt eine Ahnung davon gehabt, wohin die Reise gehen sollte. Man muss sich das vorstellen: Da steige ich nach Tagen aus dem Zug, schaue mich um und kann es erst gar nicht begreifen - bis mir klar wird: Mein Gott, du bist in Dresden! Es war schon ein merkwürdiges Gefühl, dort auf dem Bahnsteig zu stehen. Natürlich war meine Freude groß, gewissermaßen »zu Hause« zu sein, doch der Freude folgte sogleich der Schock. Zwar hatte ich den Bahnhof nicht verlassen dürfen, aber was ich von dort aus sehen konnte, war ein schrecklicher Anblick: Die Innenstadt Dresdens war vollends zerstört, die Wahrzeichen meiner Geburtsstadt lagen in Schutt und Asche. Und die Straßen vor dem Bahnhof waren voller Menschen, Angehörige von Flüchtlingstrecks auf dem Weg in den Westen, auf der Flucht vor den sowjetischen Truppen, die nur mehr etwa einhundert Kilometer entfernt waren.

Wundersame Rückkehr

Für mich, verwundet und immer noch Soldat, ging es in eine andere Richtung weiter: mit der Kleinbahn ins Weißeritztal, zunächst aber von Freital-Hainsberg über Rabenau nach Dippoldiswalde. Dort stellte sich jedoch heraus, dass die »Parksäle«, wo ich untergebracht werden sollte, überfüllt waren. Also weiter mit der Kleinbahn bis an die Endstation nach Kipsdorf. Nach einer Nacht auf dem Bahnhofsfußboden folgte dann die letzte Etappe - per Lastwagen wurde ich, es war der 16. April, mit einigen anderen Soldaten nach Zinnwald-Georgenfeld verfrachtet, in die »Barbarahütte«, ein zum Lazarett umfunktioniertes Militärsportheim der Artillerie. Ich konnte das damals kaum glauben: Nach der schweren Verwundung, der Flucht über das Eis des Frischen Haffs, nach dem Fliegerangriff vor Hela und der Fahrt über die Ostsee - hatte es mich ausgerechnet nach Zinnwald-Georgenfeld verschlagen. Welch ein Zufall und welch ein unglaubliches Glück, dachte ich mir - du bist so gut wie zu Hause! Glashütte war nur knapp zwanzig Kilometer entfernt und in Georgenfeld hatte unsere Familie sogar ein kleines Ferienhaus, knapp einhundertfünfzig Meter weit von der Barbarahütte weg. Meine Eltern erfuhren kurz darauf von meiner wundersamen Rückkehr durch meine Schwester Edeltraud, die in der Lazarettverwaltung arbeitete und ihrerseits von einer Rot-Kreuz-Schwester benachrichtigt worden war, dass ich mich, leidlich genesen, unter den Geretteten befand. Es war eine Heimkehr aus dem Kessel Ostpreußen bis unmittelbar nach Hause, ein Schicksal, wie es wohl nur ganz wenigen Frontsoldaten beschieden war.

Nun war ich zwar in Zinnwald-Georgenfeld, aber immer noch nicht raus aus dem Schlamassel. Man musste kein Prophet sein, um zu erkennen, dass wir die letzten Tage eines längst verlorenen Krieges erlebten. Im Osten marschierten die sowjetischen

Truppen unaufhaltsam vorwärts, im Westen die Amerikaner, Franzosen und Briten. Am 25. April trafen sich amerikanische und sowjetische Truppen in Torgau an der Elbe. Am selben Tag schloss sich auch der Belagerungsring um Berlin. Natürlich konnten weder der sogenannte Volkssturm, das letzte militärische Aufgebot der NSDAP, noch die Kinder und Jugendlichen der Hitlerjugend, die neben den letzten Wehrmachtseinheiten in der zerstörten Reichshauptstadt kämpften, an der aussichtslosen Lage noch etwas ändern. Die einstigen Nazi-Größen, die den Weltenbrand entfacht hatten, setzten sich ab oder machten ihrem Leben selbst ein Ende.

Aber der Krieg war noch nicht vorbei, auch nicht für mich. Am 6. Mai wurde das Lazarett geräumt, ich saß schon wieder auf einem Lastwagen, der mich ins Sudetenland bringen sollte, in die letzte kleine Enklave, die bis dahin noch nicht von den sowjetischen Truppen eingenommen worden war. Meine Eltern, die an diesem Tag in Zinnwald-Georgenfeld waren, hatten für mich vorsorglich ein Fahrrad mitgebracht, in der Hoffnung, ich könne nun endlich wirklich nach Hause kommen. Ich erinnere mich noch, dass mein Vater unmittelbar vor Abfahrt des Lkw schnell in die Lazarettverwaltung lief - ich bekam jedenfalls anschließend einen Urlaubsschein für eine »ambulante Behandlung vom 7. bis zum 15. Mai«, den ich heute noch besitze. Am selben Tag nach Glashütte zu fahren, das traute ich mich allerdings nicht. Noch zu gut waren mir die Bilder aus Danzig in Erinnerung, die Bilder von den an Straßenbäumen erhängten Soldaten, die ein Schild mit der Aufschrift »Ich war zu feige, an der Front zu kämpfen« um den Hals trugen, weil sie in einer schier ausweglosen Lage nicht mehr bereit gewesen waren, weiterzukämpfen, und angeblich desertiert waren. Erst am nächsten Tag, dem 7. Mai, rollte ich, nachdem ich mich ordnungsgemäß abgemeldet hatte, auf meinem Fahrrad runter nach Glashütte.

Letzter Kriegstag: Bomben auf Glashütte

Und noch immer war der Krieg nicht zu Ende. Denn gerade als ich in Glashütte ankam, wurden unsere Mitarbeiter wegen »Feindannäherung« nach Hause geschickt. In meiner ersten Nacht wieder daheim schreckten mich frühmorgens am 8. Mai, dem letzten Kriegstag, schwere Detonationen auf. Auf Glashütte fielen Bomben, die ersten während des ganzen Krieges überhaupt. Ziel des Angriffs war vermutlich gar nicht die Stadt, sondern vielmehr der Rest der deutschen Truppen, die versuchten, sich auf dem Rückzug Richtung Sudetenland durchzuschlagen. Getroffen wurde aber auch unser Hauptproduktionsgebäude, das gleich darauf in hellen Flammen aufging und nahezu vollends ausbrannte. Als ich Stunden später durch die noch rauchenden Gebäudereste ging, sah ich das ganze Ausmaß der Schäden - es war nahezu alles zerstört, die Maschinen schwer beschädigt und zumeist nicht mehr brauchbar. Gleiches galt für das Rohmaterial, für Werkstücke, an denen noch gearbeitet worden war. Am nächsten Tag hatten wir eine weitere »Feindberührung«: Ich saß mit meinen Eltern beim Frühstück, als die Tür zum Esszimmer aufging und der erste russische Soldat hereintrat. Er blieb nicht der Einzige, den ganzen Tag über kamen Russen, und alle wollten Uhren. Ich musste immer wieder mit in die Fabrik und bekam die Pistole auf die Brust gesetzt mit der Androhung: »Fünf Minuten, wenn nicht Uhr.« Aber es gab keine Uhren mehr, alles im Haus war restlos geplündert, sämtliche Schubladen ausgekippt, unsere Wohnung und die noch vorhandenen Produktionsstätten waren ein einziges Chaos. Es grenzt schon an ein Wunder, dass wir überlebt haben.

Am 8. Mai 1945 unterzeichnete die deutsche Heeresleitung in Berlin-Karlshorst die bedingungslose Kapitulation. Damit war der Krieg offiziell beendet. Ein Krieg, von dem Glashütte weitgehend verschont geblieben war, die Bomben am frühen Morgen dieses Tages waren die einzigen, die über der Stadt abgeworfen wurden, andere Gefechte hatte es nicht gegeben. In den nächsten Tagen erlebten wir dann jedoch die Folgen des fürchterlichen Krieges: Ein endloses Heer gefangener deutscher Soldaten zog durch die Straßen von Glashütte Richtung Osten - ausgehungerte Gestalten, von denen vermutlich die meisten ihre Familien nicht wiedersehen würden. Und immer wieder kam es vor, dass alkoholisierte russische Soldaten in der Stadt randalierten. Es kam auch zu Gewaltexzessen, besonders gegenüber Frauen. Man hörte abends ihre Hilferufe und war doch dazu verurteilt, nichts zu tun. Abgesehen davon - wenn man davon überhaupt absehen kann -, merkten wir von den sowjetischen Besatzern indes wenig.

Russische Chronometer mit Lange-Merkmalen

Wir hatten in Glashütte gar keine andere Wahl - wir mussten die Uhrenproduktion wieder aufbauen. Sie war unsere persönliche Existenz und die der Stadt.

Viel war nicht mehr übrig nach den Bombentreffern vom 8. Mai. Mit den verbliebenen Mitarbeitern machten wir uns daran, den Bauschutt zu durchstöbern und alles, was noch brauchbar schien, in Sicherheit zu bringen. Halbwegs intakte Maschinen wurden mühselig zerlegt, gereinigt und, falls möglich, repariert und wieder zusammengesetzt. Im Hinblick auf den Wiederaufbau des Betriebes mussten zudem eine Reihe von Fragen mit den Besatzungstruppen in Dresden geklärt werden. Diese Aufgabe fiel in der Regel mir zu. Mit einer Tagesration von fünf gekochten Kartoffeln und etwas Salz machte ich mich zu Fuß auf ins sechs Kilometer entfernte Kreischa, um von dort mit der Straßenbahn nach Dresden zu fahren, wo die sowjetische Militärkommandantur residierte. Die Gespräche mit den Offizieren drehten sich auch um Maschinen und Produktionsanlagen, die wir für den Wiederaufbau so dringend benötigten. Die Glashütter Betriebe, die von den Bomben verschont geblieben waren, traf ein anderer Kahlschlag, denn sämtliche Maschinen wurden abgebaut und als Reparationsleistung beschlagnahmt. Alle Männer mussten dabei helfen. Ich war mit einigen anderen am Bahnhof eingesetzt, um Kisten zu zimmern. Unsere erste Tätigkeit bei Arbeitsbeginn war immer, Balken in kleine Stücke zu sägen. Den »Verschnitt« durften wir als Brennholz mit nach Hause nehmen. Da bei A. Lange & Söhne alles in Schutt und Asche lag und folglich nichts mehr zu holen war, requirierten die Sowjets bei uns stattdessen geistiges Gut: Wir mussten – unter ständiger Aufsicht – den kompletten Fertigungsprozess unseres *Kalibers 48 als Deckuhr,* die wir produziert hatten, und des Marinechronometers detailliert in schriftlicher und zeichnerischer Form dokumentieren - eine Arbeit von mehreren Monaten. Mit diesen Unterlagen und womöglich den Maschinen, die in Glashütte demontiert worden waren, wurden dann in Russland Uhren gebaut. An russischen Chronometern jedenfalls, die ich später gelegentlich gesehen habe, waren die Konstruktionsmerkmale unserer Uhren gut zu erkennen; eigentlich waren es ja auch keine russischen, sondern - vom Ursprung her - Lange-Chronometer.

Die Lage normalisierte sich später wieder. Im Herbst 1945 nahm die Uhrmacherschule in Glashütte ihren Betrieb wieder auf, und ich konnte endlich meine Ausbildung fortsetzen, die ich 1942 hatte abbrechen müssen. Die Schule bot, nur wenige Monate nach Kriegsende, bereits wieder ein erstaunlich hohes Niveau und wurde durchaus ihrem Ruf gerecht, den sie bei den Uhrmachern weit über Glashütte hinaus immer gehabt hatte. Die früheren Ausbilder waren noch da, darunter Kapazitäten wie Alfred Helwig. In den anderthalb Jahren, die ich bis zum Abschluss meiner Ausbildung an der Schule verbrachte, baute ich einen Marinechronometer und die Schultaschenuhr: ein vergoldetes Werk in 1-A-Qualität mit vier verschraubten Goldchatons und einem Diamantdeckstein, die Dreiviertelplatine signiert mit »Walter Lange, Glashütte i/Sa. 1946«. Das Stück ist noch heute erhalten, es befindet sich neben anderen Taschenuhren im Bestand der Lange Uhren GmbH in Glashütte.

Und auch mit dem Wiederaufbau des Betriebs ging es voran, wenn auch langsam. Wir fingen mit Reparaturarbeiten für die sowjetischen Besatzungstruppen an. Weit schwieriger war es, wieder eine eigene Produktion aufzuziehen. Einmal abgesehen

Alles unter einem Dach: Das Stammhaus von A. Lange & Söhne, um 1920

Prunkstück: Das Tourbillon Nr. 41000 von 1900

Comeback: Die Lange 1 ist seit 1994 das uhrmacherische Flaggschiff.

In neuem Glanz: Das Lange-Stammhaus nach der Sanierung 2001

Initialzündung: Walter Lange (rechts) mit Martin Huber (Mitte) und einem Gast zur Eröffnung der ersten Lange-Ausstellung in München, am 22. Oktober 1976

Die Macher: Walter Lange (rechts) und Günter Blümlein am Ferdinand-Adolph-Lange-Denkmal in Glashütte, im Oktober 1994

Es ist soweit: Hartmut Knothe, Walter Lange und Günter Blümlein (v.l.n.r.) bei der Präsentation der ersten Lange-Kollektion am 24. Oktober 1994 im Dresdner Residenzschloss

Erste Automatikuhr: Günter Blümlein und Walter Lange (rechts) beim Launch der Langematik, im Juni 1997

Im Atelier: Walter Lange mit einer historischen Taschenuhr, 1997

Inspiration: Die berühmte Fünf-Minuten-Uhr über der Bühne der Dresdner Semperoper ist Vorbild für das Lange-Großdatum.

Nachwuchs gesucht: Einweihung der Lange'schen Uhrmacherschule, am 30. April 1998

Stolz: Walter Lange
erhält am 20. Juli 1998
den Verdienstorden
des Freistaates Sachsen.

Starkes Team: Die Lange-Familie im Oktober 2000

Große Leidenschaft für Klassiker: Mercedes Coupé von 1966

Schlüsselübergabe: Der damalige Bürgermeister Frank Reichel und Walter Lange (rechts) bei der Übergabe des Lange-Stammhauses, im Jahr 2000

Hoher Besuch: Der damalige Bundespräsident Johannes Rau (3.v.r.) ist zu Gast zum zehnjährigen Firmenjubiläum, am 7. Dezember 2000.

Zur Sache: Jutta Lange und Günter Blümlein in angeregter Diskussion, 1999

Ganz in Familie: Benjamin, Jutta und Walter Lange (v.l.n.r.)

davon, dass es noch an Maschinen fehlte, war das größte Problem der Mangel an Werkteilen und Material. In der Not erinnerten wir uns an Andreas Huber in München, der während des Krieges im bayerischen Greinau mit sechzig Leuten B-Uhren montiert und die Teile dafür von uns bezogen hatte. Wir baten also unseren früheren Partner, uns noch vorhandene Bestände zu überlassen. Anfangs zögerte Andreas Huber. Uns hätte er die Teile nur zu gern zukommen lassen, aber er mochte nicht in die sowjetisch besetzte Zone liefern, an die Russen, wie er meinte. Schließlich hatte er dann doch ein Einsehen: Wir bekamen die Teile und konnten wieder eine Weile produzieren. Ein anderes Mal entdeckte man auf dem Dachboden der früheren UFAG - so die Abkürzung für Uhrenfabrik AG Glashütte i/Sa -, die komplett demontiert worden war, Kästen mit halbfertigen Uhrwerken, die dann von uns fertiggestellt wurden. So hielten wir uns mühsam über Wasser. Klar auch, dass es für die Uhren, die wir produzierten, noch keinen Markt gab. Sie gingen zum größten Teil als Reparationsleistungen an die sowjetischen Truppen. Trotz aller Widrigkeiten gelang es uns, auch die »Werft«, wie unsere von den Bomben zerstörte Produktionsstätte in Glashütte genannt wurde, wieder aufzubauen - 1947 feierten wir das Richtfest, ein Jahr darauf konnte das Gebäude bezogen werden.

Der Fortbestand des Unternehmens war in jenen Jahren jedoch auch aus anderen Gründen gefährdet. Im September 1945 erließ die Sowjetische Militäradministration in Deutschland (SMAD) den Befehl zur Durchführung der Bodenreform. Sämtlicher landwirtschaftlicher Grundbesitz mit mehr als einhundert Hektar wurde daraufhin enteignet, auch das Rittergut Merschwitz an der Elbe, das Emil Lange 1913 erworben hatte und das sich also im Besitz der Familie Lange befand. Am 30. Oktober 1945 folgte der Befehl Nr. 124, der sich gegen Personen richtete, die im Verdacht standen, den »faschistischen Krieg« unterstützt zu haben. Auch deren Besitz sei zu enteignen, forderten die Sowjets. Mit diesem Befehl wollten die neuen Machthaber offensichtlich auch meinen Vater und seine beiden Brüder treffen: Kurzerhand erklärte die SMAD sie zu Kriegs- und Naziverbrechern und ließ den Betrieb am 18. März 1946 beschlagnahmen und unter die Treuhänderschaft meines Onkels Otto stellen, dem ältesten der drei Brüder. Am 26. April 1946 wurde diese Maßnahme rückgängig gemacht. Eingehende Prüfungen hatten ergeben, dass kein Mitglied der Lange-Familie einer NS-Organisation angehört hatte und dass in der Firma lediglich Uhren und keine Kriegswaffen hergestellt worden waren.

Es war zwar nicht wie früher, aber mit der bevorstehenden Fertigstellung der »Werft« war A. Lange & Söhne gefordert, sich zu »positionieren«, wie man heute sagen würde. Vor allem galt es zu klären, welche Art Uhren wir künftig - trotz aller Unwägbarkeiten - mit einiger Aussicht auf Erfolg produzieren sollten. In der Geschäftsführung hatte sich während der Kriegsjahre nichts verändert. Da waren mein Vater Rudolf und der ältere Bruder Otto, die beiden Uhrmacher, die für die Technik zuständig waren, und Gerhard, der jüngste, der sich um die kaufmännischen Belange kümmerte. Vor allem mein Vater, Onkel Otto und ich diskutierten leidenschaftlich, ob wir künftig Armbanduhren oder Taschenuhren bauen sollten. Onkel Otto war dafür, wieder Taschenuhren herzustellen, das sei schließlich die Tradition und immer die Stärke des Unternehmens gewesen. Ich hielt entschieden dagegen und begründete meine Meinung mit der Entwicklung der Schweizer Uhrenfabrikation, die eindeutig und mit Erfolg auf die Produktion von Armbanduhren setzte. Es war schon eine sehr hart geführte Auseinandersetzung, meiner Meinung nach ging es um Sein oder Nichtsein. Mein Vater unterstützte schließlich meine Überzeugung. Uns war klar, dass wir in der Situation, in der wir uns befanden, unsere traditionellen Qualitätsansprüche vorerst nicht würden aufrechterhalten können. Wir entschieden uns deshalb, eine Armbanduhr auf der Basis des Kalibers 48 zu entwickeln, die als Kaliber 28 eingeführt wurde. Sie war baugleich und von den Lange-Qualitätsmerkmalen geprägt, jedoch kleiner im Durchmesser. Und sie sollte in größeren Stückzahlen hergestellt werden, um breitere Kundenschichten anzusprechen.

Das Hin und Her der Enteignung

Das Kaliber 28 wurde die letzte Armbanduhr, die von A. Lange & Söhne vor der Enteignung entwickelt wurde. Zwar hatten wir unsere »Werft« wieder aufgebaut, 1946 eine angedrohte Enteignung des Betriebs durch die Sowjets abwenden können und die neue Armbanduhr entwickelt. Wir hatten überlebt und uns so langsam wieder aufgerappelt, aber wir hatten die Rechnung ohne den neuen Machtapparat, ohne die von den Sowjets eingesetzte Landesregierung gemacht. Diese ließ nicht locker. Die Kommunisten beriefen sich erneut auf den Befehl Nr. 124 der SMAD und setzten schließlich die Enteignung des

Betriebs ohne nähere Begründung endgültig durch. Nach einem Beschluss der sächsischen Landesregierung erschienen am 20. April 1948 bei uns zwei Männer des Freien Deutschen Gewerkschaftsbundes (FDGB) und ein Mitglied der SED-Kreisleitung und erklärten das Unternehmen kurzerhand für enteignet. Meinem Vater und seinen Brüdern war es fortan verboten, den Betrieb - nunmehr »Eigentum des Volkes« - zu betreten. Eine Unterschrift unter das vorgelegte Enteignungsschreiben verweigerten mein Vater und seine Brüder. Die Unterschriftensammlung unserer Mitarbeiter gegen die Einstufung meines Vaters und seiner Brüder als Kriegsverbrecher wurde von der neuen Leitung abgebrochen. Zum Betriebsleiter ernannten die FDGB-Vertreter Erich Vogel, einen strammen Kommunisten aus der Belegschaft.

Damit hatte die Selbstständigkeit von A. Lange & Söhne nach einhundertundzwei Jahren in Familienbesitz ein Ende. Zu meiner Verwunderung geschah mir zunächst nichts. Mit der Begründung, ich sei ja nicht Mitinhaber gewesen, durfte ich sogar weiterarbeiten. Anfang November kam es dann aber doch zur Kraftprobe: Der FDGB-Betriebsobmann erschien bei mir und forderte mich auf, dem FDGB beizutreten. Nun hatte ich ganz und gar nicht die Absicht, Mitglied der sogenannten Freien Gewerkschaft zu werden, die meinen Vater und seine Brüder als Nazis und Kriegsverbrecher abgestempelt hatte. Ich erbat mir mit der Bemerkung, mich zuvor über meine Rechte und Pflichten als Gewerkschafter informieren zu wollen, die Satzung des FDGB, die mir auch prompt ausgehändigt wurde. Es war für mich wenig überraschend, dass ich darin nichts fand, das sich mit meinen demokratischen Prinzipien vereinbaren ließ. »Als Mitglied erkläre ich mich mit allen Beschlüssen des Vorstandes einverstanden« - das war einer der ersten Punkte der Satzung, den ich niemals hätte akzeptieren können. Ich teilte dem FDGB-Obmann mit, dass ich schon aus diesem Grund unter keinen Umständen Mitglied seiner Organisation werden könnte.

Die Retourkutsche der kommunistischen Kader ließ nicht lange auf sich warten. Schon Anfang November wurde ich zum Arbeitsamt bestellt. Dort wurde ich verpflichtet, im Uranbergbau zu arbeiten, und zwar ab dem 15. November. Der Abbau von Uranerz im Erzgebirge war dem besonderen Bemühen der Machthaber des SED-Regimes geschuldet, dem großen »Brudervolk« treu ergeben zu helfen. Der Mangel an Uran war für die Sowjetunion im beginnenden Kalten Krieg ein großes Handicap im atomaren Wettrüsten mit den USA. Spezialisten aus Moskau hatten schon 1945 in Johanngeorgenstadt, wo man 1789 erstmals das begehrte Metall entdeckt hatte, mit der Uransuche begonnen und waren fündig geworden; die Gegend um Johanngeorgenstadt, Ehrenfriedersdorf und Rübenau wurde kurz darauf zu einem Sperrgebiet unter Sonderbewachung erklärt. Die Deutschen hatten auf den Uranabbau keinerlei Zugriff - das gewonnene Erz wurde als Reparationsleistung direkt in die Sowjetunion transportiert -, sie hatten den Bergbau aber nach Kräften zu unterstützen. Die Historikerin Katrin Keller schreibt dazu in ihrem Buch Landesgeschichte Sachsen: »Allein zwischen 1946 und 1949 kamen über hundertfünfzigtausend Arbeitskräfte in die Uranprovinz, wobei vor allem in der ersten Zeit Zwangsrekrutierungen - insgesamt über sechzigtausend Personen - auch unter Vertriebenen dominierten. Zur Sicherung des Uranabbaus wurden Betriebe enteignet, riskante Schächte gegraben, Unfälle und Berufskrankheiten in Kauf genommen, Dörfer und Städte teilweise zerstört und - im Laufe des über Jahre anhaltenden Abbaus - gewaltige Umweltschäden verursacht.«

Für mich war klar, dass meine Arbeitsverpflichtung für den Uranbergbau die Abrechnung des totalitären Regimes mit einem unliebsamen Widersacher darstellte. Ich hätte mich schon aus grundsätzlichen Erwägungen mit den neuen Machthabern und ihrer Politik niemals arrangieren können und fürchtete deshalb um meine Gesundheit, gar um mein Leben. Am selben Abend besprach ich die Situation mit meinen Eltern. Dann stand mein Entschluss fest: Ich wollte rüber in den Westen. Solange das SED-Regime an der Macht sei, erklärte ich meinen Eltern, würde ich nicht zurückkommen. Ein Freund der Familie half mir dann, meinen Entschluss zur Flucht in die Tat umzusetzen. Er fuhr mich schon in der Nacht zum 15. November mit seinem Auto nach Berlin. Später gelangte ich dann nach Bayern, in die amerikanische Besatzungszone.

Normalerweise mussten die ehemaligen Besitzer enteigneter Betriebe ihren Wohnort sofort verlassen, weil sie sonst, so die absurde Sprachregelung der Kommunisten, durch ihre Verbundenheit mit den Mitarbeitern den »sozialistischen Aufbau« gestört hätten. Das galt überraschenderweise nicht für meine Eltern und für die Brüder meines Vaters und deren Familien. Zwar durften sie den Betrieb nicht mehr betreten, sie konnten aber weiterhin in Glashütte wohnen. 1953 jedoch wurden meine Eltern und Onkel Otto ohne jede Angabe von Gründen verhaftet. Auch wenn man sie wenige Tage später wieder auf freien Fuß setzte, die Wohnungen meiner Eltern und die von Otto Lange in unserem Stammhaus waren inzwischen geräumt worden. Nur Gerhard Lange durfte in seinem Haus bleiben, die Brüder Rudolf und Otto mussten sich in Glashütte eine andere Bleibe suchen. Meine Mutter bekam gleich nach der Freilassung von einer Bekannten den Hinweis, dass sie jederzeit mit einer erneuten Verhaftung rechnen müsse. Sie zog es deshalb vor, sich über das Berliner Krankenhaus Charité in den Westen abzusetzen. Meinem Vater fiel es dagegen unendlich schwer, Glashütte den Rücken zu kehren, er fühlte sich seiner Heimat zu stark verbunden. 1953 reiste er mit dem sogenannten Interzonenpass schließlich doch zu uns nach Pforzheim, wo ich inzwischen mit meiner Frau lebte. Aber mein Vater war im Westen zutiefst unglücklich und wollte unbedingt nach Glashütte zurück. »Einen alten Baum verpflanzt man nicht«, sagte er immer, wenn wir mit Engelszungen versuchten, ihn zum Bleiben zu überreden. Es ist uns schließlich aber gelungen. Doch er konnte den Verlust des Unternehmens und seiner Heimat nie verwinden. Im Jahr darauf, am 7. August 1954, starb er. Sein Tod war ein tiefer Einschnitt in meinem Leben. Mein Vater war für mich immer Vorbild und Ratgeber gewesen, und plötzlich, so empfand ich es damals, stand ich allein da und hatte niemanden mehr, den ich fragen konnte.

Gerhard Lange, der Kaufmann, hatte schon immer großes Geschick in Geldangelegenheiten bewiesen und es in den Jahren vor dem Krieg zu einem beträchtlichen Vermögen gebracht, das zum größten Teil im Westen deponiert war. Seine Tochter hatte bereits Anfang der Fünfzigerjahre die DDR verlassen und war nach Friedrichshafen gezogen. So konnte sie, soweit das seinerzeit möglich war, ihre Eltern und ihren Bruder, die in Dresden lebten, aus dem Vermögen versorgen. Später überließ Gerhard Lange sein Haus in Glashütte einem Betriebsleiter der Glashütter Uhrenbetriebe und zog in dessen Wohnung nach Dresden. Gerhard Lange dachte offensichtlich nie daran, in den Westen zu gehen. Die Verbundenheit mit der Heimat war, wie bei meinem Vater, stärker als die Aussicht auf ein bequemeres Leben in der Bundesrepublik. Gerhard Lange starb 1969.

Meinem Onkel Otto wurde nach der Haftentlassung eine Wohnung zugewiesen in einem Haus, das baupolizeilich gesperrt war. Er fand schließlich bei einer Bekannten unserer Familie eine bescheidene Unterkunft in einem möblierten Zimmer. Im Ersten Weltkrieg hatte Otto Lange in Dresden eine Villa erworben, in der später mein Großvater Emil Lange wohnte. Nach dessen Tod wurde das Haus an verschiedene Parteien vermietet. Otto Lange bemühte sich erfolgreich darum, in seinem Haus eine Wohnung zu bekommen. Später trug der Onkel, der kinderlos geblieben war, mir und meiner Frau das Haus als Erbe an. Wir lehnten jedoch ab. In der DDR ein Haus zu besitzen schien uns ein Klotz am Bein. Wir wären, so unsere Befürchtung, fortlaufend für Instandhaltungen und Renovierungen zur Kasse gebeten worden. Dennoch, der Kontakt zu meinem Onkel blieb immer sehr eng. Bis zu seinem Tod 1971 kam er jedes Jahr für vier Wochen zu uns nach Pforzheim.

»Unser« 1948 enteignetes Unternehmen erhielt zunächst die neue Bezeichnung »VEB Mechanik

A. Lange & Söhne, Glashütte/Sa.«, unter demselben Namen wurde dann auch die noch von uns entwickelte Armbanduhr produziert. Später wurde der Betrieb in »Mechanik Lange & Söhne GmbH« umbenannt, bevor am 1. Juli 1951 der VEB Glashütter Uhrenbetriebe (GUB) gegründet wurde. Er entstand durch Zusammenschluss der Uhrenbetriebe A. Lange & Söhne, UROFA/UFAG und Otto Estler sowie der feinmechanischen Betriebe Liwos (Linding & Wolf), R. Mühle und Gössel & Co.

III. Im Westen

Anerkennung als »Zonenflüchtling«

In dem Augenblick, als ich in der Nacht zum 15. November 1948 unser Haus in Glashütte verlassen hatte, um mich über Berlin in den Westen abzusetzen, hatte ich alles hinter mir gelassen: meine Eltern und Geschwister, die Familie, das Unternehmen mit seiner großen Tradition und meine Heimatstadt Glashütte, an der ich sehr hing. Es war ein typisches Nachkriegsschicksal, wie mir erging es Tausenden, die über Nacht Hab und Gut aufgeben mussten. Mir war bewusst, dass ich womöglich meine Eltern nicht wiedersehen würde, aber für mich gab es zur Flucht keine Alternative. In der DDR zu bleiben erschien mir ganz und gar aussichtslos. Ich war zwangsverpflichtet in den Uranbergbau, und mir war klar, dass dies die Reaktion der neuen, kleinkarierten Partei- und Gewerkschaftsfunktionäre darauf war, dass ich mich geweigert hatte, dem FDGB beizutreten. Damit war ich gewissermaßen als renitent und rebellisch abgestempelt, als Störenfried beim Aufbau des Arbeiter- und Bauernstaats, der »unschädlich« gemacht werden musste. Ich hätte mich also niemals mit den neuen Machthabern arrangieren können. In der Nacht der Flucht erklärte ich meinen Eltern, dass ich nicht nach Glashütte zurückkehren würde, solange das von der Sowjetunion gestützte SED-Regime an der Macht sei.

Ende 1948 war Berlin noch immer ein Trümmerfeld und es war nur schwer vorstellbar, wie sich inmitten der Ruinen und zerstörten Straßen jemals wieder ein pulsierendes Großstadtleben und eine funktionierende Wirtschaft entwickeln sollten. Ich hatte vor, nach Memmelsdorf in Bayern weiterzufahren. In dem kleinen Ort in der Nähe von Bamberg, nicht weit entfernt also von der Grenze zu Thüringen, hoffte ich Dr. Ernst Kurtz zu treffen, die einzige Kontaktperson, die ich in den westlichen Besatzungszonen hatte. Ernst Kurtz hatte im Auftrag der Girozentrale Sachsen 1927 die große Aufgabe übernommen, aus den Resten der in Konkurs gegangenen »Deutschen Präzisionsuhrenfabrik Glashütte e.GmbH« eine leistungsfähige Uhrenfabrikation aufzubauen. Er wurde der Direktor der 1926 gegründeten UROFA und von deren Schwesterunternehmen UFAG und führte, erstmals in Glashütte, die maschinelle Fertigung von Armbanduhren ein. Nach dem Krieg wurden die Produktionsanlagen beider Firmen vollständig demontiert und als Reparationsleistungen in die Sowjetunion geschafft. Am 7. Mai 1945, einen Tag vor dem Bombenangriff, hatte Ernst Kurtz Glashütte verlassen. Das war sein Glück, denn sein Wohnhaus wurde bei dem Angriff getroffen und brannte völlig aus. Schon Wochen zuvor hatte er damit begonnen, Bestände an Uhrwerken und Gehäusen in den Westen, nach Memmelsdorf, zu verlagern. Dies bildete später die Grundlage für den Aufbau einer neuen Uhrenfabrikation. Ich hoffte also nicht nur, dort im Fränkischen den ehemaligen UROFA-Direktor zu treffen, sondern auch in der neu gegründeten Uhrenfabrik Kurtz Arbeit zu finden.

Aber noch war ich in Berlin, wo ich für einige Tage eine Bleibe gefunden hatte. Bald jedoch zeigte sich, dass nicht daran zu denken war, über die Transitverbindungen in eine der westlichen Besatzungszonen zu gelangen. Berlin befand sich im Ausnahmezustand. Am 20. Juni 1948 hatten die Westalliierten in ihren Besatzungszonen und den Westsektoren Berlins die Währungsreform durchgeführt, was die Sowjets zum Anlass nahmen, in der Nacht vom 23. auf den 24. Juni die Stadt komplett abzuriegeln. Der gesamte Straßen- und Schienenverkehr zwischen Berlin und den Westzonen war damit unterbrochen. Die Sowjets verfolgten mit der Blockade das Ziel, den Westteil der Stadt, in dem damals rund 2,2 Millionen Menschen lebten, auszuhungern und so die westlichen Alliierten zum Rückzug zu zwingen. Die von den Amerikanern und Briten eingerichtete Luftbrücke war die Rettung für das westliche Berlin; bis zum Ende der Blockade am 12. Mai 1949 schwebten täglich »Rosinenbomber« ein, um die Bevölkerung aus der Luft zu versorgen. Mit mehr als zweihundertsiebzigtausend Flügen wurden gut zwei Millionen Tonnen an Lebensmitteln, Kohle und Sonstigem eingeflogen.

An eine Fahrt mit dem Zug oder dem Auto von Berlin in den Westen war im November 1948 also nicht zu denken. Ich musste mir einen anderen Weg suchen und hatte letztlich keine Wahl: Ich musste mich wieder durch die sowjetisch besetzte Zone in Richtung Thüringen durchschlagen, beinahe dorthin, woher ich einige Tage zuvor gekommen war. Per Anhalter und zu Fuß ging es dann weiter nach Süden, immer entlang der Bahnstrecke Meiningen-Coburg. Die Grenze war zu dieser Zeit noch offen, sodass ich nicht genau wusste, wann ich im Westen sein würde. Erst als ich einige amerikanische Militärfahrzeuge erblickte, war ich erleichtert. Ich war in Bayern und hatte endlich sicheren Boden unter den Füßen.

Allerdings: So ganz in Sicherheit war ich damit noch nicht. Um Lebensmittelmarken zu erhalten, musste ich als Flüchtling anerkannt und in Bayern »eingebürgert« werden. Ich hatte kaum Geld und keine Arbeit, ich hatte nichts. So musste ich mich schließlich im Flüchtlingslager im fränkischen Moschendorf, ganz in der Nähe von Hof, melden, wo über die Anerkennung von »Zonenflüchtlingen« entschieden wurde. Das Lager Moschendorf war das größte seiner Art in Bayern, und es war zweifellos ein gewaltiger Kraftakt der Bevölkerung, in diesen Jahren Hunderttausende entwurzelter Menschen aufzunehmen. Dennoch, für mich war es erschütternd, mit ansehen zu müssen, wie all jene, denen von den Behörden und der Lagerleitung der Flüchtlingsstatus nicht zuerkannt wurde, auf Güterwagen verladen und wieder in den Osten abtransportiert wurden. Man brauchte nicht viel Fantasie, um sich vorzustellen, was die Abgewiesenen dort erwartete. Ich hatte Glück. Schon am nächsten Tag, dem 25. März 1949, wurde ich aufgrund meiner Arbeitsverpflichtung in den Uranbergbau als Flüchtling anerkannt und war damit Westbürger.

Die Währungsreform 1948 war zweifellos das Startsignal für eine positive wirtschaftliche Entwicklung gewesen, die Mangelwirtschaft hatte damit ihr Ende gefunden. In Erwartung der Reform hatten viele Geschäfte ihre Waren zurückgehalten und gehortet, jetzt plötzlich füllten sich die Auslagen, und es gab zumindest wieder das zu kaufen, was man zur Abdeckung seiner Grundbedürfnisse benötigte. Das Wirtschaftswunder war jedoch noch in weiter Ferne. Angesichts der unsicheren Entwicklung war es für mich nicht leicht, Arbeit zu finden. Aber ich kam tatsächlich als Uhrmacher in dem kleinen Betrieb von Ernst Kurtz unter, der mit der Fabrikation der Marke »Glashütter Tradition« aus den geretteten Glashütter Beständen an frühere handwerkliche Qualitäten anknüpfen wollte. Darüber hinaus hatte Kurtz in Schwäbisch Gmünd auch begonnen, Uhren-Rohwerke zu produzieren. Doch die Nachfrage nach Uhren aus dem Betrieb in Memmelsdorf war zu gering, um dem Unternehmen auf Dauer das Überleben zu sichern. Anfang der Fünfzigerjahre begannen die Lebenshaltungskosten kräftig zu steigen, gleichzeitig stieg die Arbeitslosigkeit, und die Löhne konnten mit der Preisentwicklung nicht mehr Schritt halten.

In dieser Situation sah ich für mich in der Uhrenfabrikation Ernst Kurtz keine Zukunft mehr. Dennoch war die Zeit in Memmelsdorf für mein Leben von entscheidender Bedeutung. In dem Betrieb lernte ich nämlich eine junge Frau namens Jutta May kennen und lieben. Sie stammte aus Mühlbach, einem Nachbarort von Glashütte, zwölf Kilometer talabwärts gelegen, und war schon 1945 nach Memmelsdorf gegangen, um in der Uhrenfabrikation Ernst Kurtz eine Anstellung zu finden. Zuvor hatte sie in der UROFA in Glashütte Uhrmacherin gelernt und dort bereits einige Jahre gearbeitet. Jutta May wurde bald darauf meine Frau, 1951 haben wir in Pforzheim geheiratet.

Im Frühjahr 1950 hatten wir uns entschieden, nach Pforzheim zu ziehen. Die Stadt am Nordrand des Schwarzwalds war die Uhren- und Schmuckstadt Deutschlands schlechthin und blickte auf eine große Tradition zurück. Die Uhren- und Schmuckherstellung wurde dort bereits 1767 durch ein Edikt des

Markgrafen Karl Friedrich begonnen und entwickelte sich in der Stadt und der Region zur bedeutendsten Wirtschaftsbranche. Wie Dresden war auch Pforzheim durch einen der verheerendsten alliierten Luftangriffe des Zweiten Weltkriegs nahezu vollständig zerstört worden, dem Bombenhagel am Abend des 23. Februar 1945 fielen innerhalb von nur zwanzig Minuten rund achtzig Prozent der Bausubstanz der Stadt und nahezu zwanzigtausend Menschen zum Opfer.

Dennoch gelang es, die Stadt recht schnell wieder aufzubauen, sodass sich schon zu Beginn der Fünfzigerjahre eine neue Blütezeit der Uhren- und Schmuckindustrie abzeichnete. Zu dieser Zeit gab es in Pforzheim sechzehn Hersteller von Uhrenrohwerken. Für mich schien sie deshalb die Stadt zu sein, die mir als Uhrmacher die besten Chancen bieten konnte. Zudem war mein Bruder Ferdinand nach seiner Rückkehr aus französischer Kriegsgefangenschaft und kurzem Aufenthalt in Glashütte inzwischen auch in den Westen gelangt und hatte zunächst im westfälischen Rheine Arbeit bei einem Uhrmacher gefunden, wo er auch seine spätere Frau Ingeborg kennenlernte. Schließlich siedelte auch er nach Pforzheim über und arbeitete in den Pforzheimer Uhrenrohwerken (PUW).

Aufbruch nach Pforzheim mit einem Pappkarton

Also machte ich mich zusammen mit meiner künftigen Frau auf den Weg Richtung Nordschwarzwald. Da es für uns so gut wie nichts zu transportieren gab - unser gesamtes Hab und Gut passte in einen Pappkarton -, legten wir im Mai 1950 die rund dreihundert Kilometer von Memmelsdorf nach Pforzheim in Ermangelung anderer Reisemöglichkeiten mit dem Fahrrad zurück. Aber Pforzheim lag noch in Trümmern, die schweren Schäden des Bombenangriffs waren noch überall sichtbar. Die wenigen bewohnbaren Gebäude der Stadt und der umliegenden Gemeinden waren überbelegt, weil die Ausgebombten ja irgendwo untergebracht werden mussten. Zudem galt es, viele Flüchtlinge aufzunehmen, die wie wir in Pforzheim gelandet waren. In dieser Situation konnte man froh sein, wenn man ein Dach über dem Kopf hatte und nicht hungern musste.

Trotz der katastrophalen Lage fanden wir eine bescheidene Bleibe, meine künftige Frau in einem ehemaligen Hühnerstall, ich in einer Dachkammer. Und wir bekamen auch umgehend Arbeit, meine Frau bei DUROWE, den Deutschen Uhren-Rohwerken, ich bei Laco. Beide Firmen waren über ihre Gründer und Eigentümer miteinander verbunden. 1925 hatten Frieda Lacher und Ludwig Hummel die Uhrenfabrik Lacher & Co gegründet, waren aber Anfang der Dreißigerjahre wieder getrennte Wege gegangen. Hummel fertigte mit der Laco Uhrenfabrik weiter Armbanduhren, der Betrieb von Frieda Lacher dagegen Präzisionsteile für Uhrwerke. 1933 gründete Ludwig Hummel DUROWE, die die eigene Firma Laco und andere Betriebe mit Rohwerken belieferte. Drei Jahre später trat Erich Lacher in das Unternehmen seiner Mutter ein, das von diesem Zeitpunkt an unter dem Namen Erich Lacher Uhrenfabrik und seit 1967 als Erich Lacher Präzisionsteile GmbH & Co. KG firmierte.

Der Ausbruch des Korea-Krieges im Juni 1950 gab der deutschen Wirtschaft neue Impulse. In der gesamten westlichen Welt stieg plötzlich die Nachfrage nach Investitionsgütern, die von den USA und ihren Verbündeten nicht geliefert werden konnten, da sich deren Industrie auf die Produktion von Rüstungsgütern konzentrierte. Erstaunlicherweise hatte die deutsche Wirtschaft genügend Kapazitäten frei, um den wachsenden Bedarf teilweise decken zu können. Dies war die Basis für den Aufschwung, und erstmals in der noch jungen bundesdeutschen Geschichte wurde die Auslandsnachfrage zum Motor des ökonomischen Erfolgs. Wir hatten also Grund, trotz der Trümmer und der Not ringsum etwas optimistischer in die Zukunft zu blicken. Zumal meine Frau und ich bei Firmen untergekommen waren, die seinerzeit zu den renommierten Namen im deutschen Uhrenbau zählten.

Mein Bruder Ferdinand und ich dachten natürlich immer wieder darüber nach, uns selbstständig zu machen und eine eigene Uhrenfertigung aufzuziehen, mit der wir dann eines Tages vielleicht wieder an die große Glashütter Tradition würden anknüpfen können. Immerhin war die Qualifikation für den Bau präziser Uhren bei uns durchaus vorhanden. Aber wir waren uns darüber im Klaren, dass ein solches Vorhaben nur in einem sehr bescheidenen Umfang begonnen werden konnte. Wir besaßen nicht das erforderliche Kapital, um Produktionsstätten aufbauen zu können, und wir mussten tagsüber arbeiten, um unseren Lebensunterhalt zu verdienen.

So begannen wir mit einer sehr »familiären« Uhrenproduktion: Wir kauften bei den Deutschen Uhren-Rohwerken Kartons mit Teilen für jeweils einhundert Uhren, die meine Frau und ich dann abends nach der Arbeit am Küchentisch remontierten. Die Uhren wurden unter dem Namen ALP (A. Lange Pforzheim) verkauft. Später erweiterten wir das Geschäft und konzentrierten uns nur noch auf die Uhrenremontage. Mein Bruder führte die Geschäfte, ich leitete die Werkstatt mit bis zu sieben Uhrmachern. Bald nahmen wir auch wieder Kontakt zur Firma Altus im schweizerischen Biel auf, von der A. Lange & Söhne schon vor dem Krieg Armbanduhrwerke bezogen hatte. Bei Altus ließen wir wieder Uhren fertigen, die wir in Deutschland unter dem Namen »Lange vorm. Glashütte« vertrieben. Durch den Kontakt zu Charles Hertig, dem Inhaber der Schweizer Uhrenmarken Glycine und Altus, ergab es sich, dass wir den Deutschland-Vertrieb für diese Marken und später ebenfalls noch für *SWIZA-Wecker* übernahmen. Ich wechselte deshalb in den Außendienst des Uhren-Großhandels »A. Lange Pforzheim« und begann, Deutschland intensiv zu bereisen.

Es war eine harte Zeit, von Montag bis Freitag war ich unterwegs, und das Autobahnnetz war damals noch sehr dünn. Reisen etwa nach Ostbayern oder Norddeutschland dauerten sogar vierzehn Tage. Über die Vertriebsform hatte ich mit Charles Hertig schließlich eine heftige Kontroverse, was mich zur Trennung von ALP veranlasste. Ich wechselte in die Schmuckwarenindustrie und war zunächst für die Firma Wellendorff, später die Firma Fritz Eberle im Außendienst tätig. Trotz der Trennung von ALP pflegte ich weiterhin gute Kontakte zu meinem Bruder, der in den Sechzigerjahren den Versuch unternahm, wieder Lange-Taschenuhren im Westen zu bauen und zu vertreiben. Mit der International Watch Company (IWC) in Schaffhausen fand er einen geeigneten Partner für das ehrgeizige Projekt. Es entstanden als gemeinsame Entwicklung die ersten Taschenuhren mit der Aufschrift »A. Lange vormals Glashütte«. Diese Gravur schmückte auch die Platinen des hochwertigen IWC-Uhrwerks, einträchtig neben dem *»Probus Scafusia«*, das die Produkte der Schaffhauser Manufaktur kennzeichnet. In den Beständen der Lange Uhren GmbH in Glashütte und der IWC in Schaffhausen müssten noch heute einige gutgehütete Exemplare als Zeugen des Beginns einer uhrmacherischen Freundschaft schlummern, die letztlich Jahrzehnte später doch noch ihre Früchte tragen sollte. Demgegenüber war das Projekt, Ende der Sechzigerjahre gemeinsam mit der IWC den Bau von Lange-Taschenuhren aufzuziehen, nicht erfolgreich, erwarteten die Kunden in einer Lange-Uhr doch auch ein Lange-Uhrwerk.

Der Quarzschock

Es waren schwierige Zeiten für mechanische Uhren. Der Grund war, wenn man so will, die Schwingungseigenschaft eines gewöhnlichen Quarzes, des häufigsten Minerals der Erdkruste. Der französische Physiker Pierre Curie hatte mit seinen Brüdern 1880 entdeckt, dass infolge mechanischer Krafteinwirkung auf manche Kristalle durch die Ladeverschiebung im Kristallgitter eine elektrische Spannung entsteht - der sogenannte piezoelektrische Effekt. Später entdeckte man, dass dieser Effekt auch umkehrbar ist. Sobald ein Kristall von einem magnetischen Feld umgeben wird, verformt es sich.

Damit waren die Grundlagen für einen außerordentlich präzisen und gleichermaßen kostengünstigen Schrittmacher für Uhren geschaffen: Ein durch Wechselstrom erzeugtes, in seiner elektrischen Polung ständig sehr schnell wechselndes Magnetfeld bringt einen entsprechend zugeschnittenen Quarzkristall in Schwingung. Dieser elektronische Schwingkreis konnte als Taktgeber einer Uhr genutzt werden, wie 1927 der kanadische Ingenieur Warren A. Marrison mit seiner Erfindung der Quarzuhr bewies. Marrison verwendete noch Röhren, um die Frequenz des Schwingkreises auf einen Sekundentakt herunterzuteilen. Mit Beginn der Fünfzigerjahre übernahmen diese Aufgabe Transistoren. Überhaupt führte die rasante Entwicklung der Halbleitertechnologie in den Jahren darauf zu einer Miniaturisierung der Technik und zu immer leistungsstärkeren Bauteilen, etwa Miniaturbatterien. Damit war der Durchbruch für die Quarzuhr am Handgelenk geschaffen. Natürlich geht eine Quarzuhr sehr viel genauer als eine mechanische Uhr - ein Merkmal, das in den technik- und fortschrittsorientierten Märkten der Sechziger- und Siebzigerjahre von entscheidender Bedeutung war. Die Schweizer Firma ETA entwickelte 1962 die erste batteriegetriebene Quarzarmbanduhr, die »Beta 21«. Aber schließlich waren es die Japaner, die mit ihren Quarzuhren für Furore sorgten. 1969 produzierte Seiko die erste Quarzarmbanduhr für den Massenmarkt. Die »Astron« legte den Grundstein für eine weltweite Marktdominanz.

Der Siegeszug der Quarzuhren bedeutete zwangsläufig den Niedergang der mechanischen Armbanduhren, die vor allem in preislicher Hinsicht keine Chance mehr hatten. Die Armbanduhr, bis dahin durchaus auch Statussymbol, mutierte zu einem massengefertigten Konsumartikel, der bald schon für ein paar Mark angeboten wurde. Damit geriet die Uhrenindustrie, die weiter an der Fertigung traditioneller Mechanik festhielt, schwer unter Druck. Das galt sowohl für die deutsche Uhrenfertigung, etwa im Schwarzwald und besonders in Pforzheim, als auch für die großen Marken in der Schweiz, damals das Maß aller Dinge für hoch präzise, mechanische Uhren, die von dem »Quarzschock« schwer getroffen wurden.

Viele traditionsreiche Betriebe verschwanden vollständig von der Bildfläche, andere fuhren ihre Produktion und damit die Zahl der Mitarbeiter auf ein absolutes Minimum herunter. So sank die Zahl der Beschäftigten in der Schweizer Uhrenindustrie in diesen Jahren von neunzigtausend auf fünfundzwanzigtausend. Einige Firmen überwinterten, auf bessere Zeiten hoffend, in einer »mechanischen Nische«. Andere wieder, darunter auch ausgesprochene Nobelmarken, passten sich dem Zeitgeist an und nahmen Quarzuhren in ihr Programm auf. Mit mechanischen Uhren, das erkannte man auch in Pforzheim, würde auf lange Sicht kein Staat mehr zu machen sein. Der Markt verlangte Quarzuhren, die auf ihre Art mit einem enormen Tempo weiterentwickelt und immer billiger wurden. Es schien so, als sei die Zeit der mechanischen Präzisionsuhren ein für alle Mal vorüber und damit auch der Name Lange endgültig Geschichte. Fortan konzentrierten wir uns auf den Uhrengroßhandel mit Glycine-Armbanduhren und SWIZA-Weckern. Am 31. Dezember 1986 wurde der

Großhandel aufgegeben, und ich ging, im Alter von dreiundsechzig Jahren, in Pension.

Reise zu den Wurzeln in die DDR

Nachdem »Sowjetzonen-Flüchtlinge« wieder in die DDR einreisen durften, wagte ich mich 1976 erstmals wieder nach Glashütte. Mein Onkel Otto war 1971 in Dresden gestorben und seine ehemalige Haushälterin riet mir, seine Hinterlassenschaft, insbesondere umfangreiches Archivmaterial, zu sichten und in Sicherheit zu bringen. Zweifellos war der Nachlass Otto Langes von besonderem Wert, denn er war es gewesen, der Dokumente über die Geschichte von A. Lange & Söhne und die Entwicklung unserer Uhren verwahrt hatte. Wollte ich dieses Material durchsehen und womöglich auch in meine Obhut bringen, dann hatte ich keine andere Wahl: Ich musste in die DDR reisen und mir dort vor Ort alles ansehen. Zwar hatte Onkel Otto, wenn er uns in Pforzheim besuchte, immer ausführlich erzählt, was sich in Dresden und Glashütte ereignete und wie sich die Lebensbedingungen in der DDR entwickelten. Aber natürlich war ich auch neugierig, mir selbst ein Bild zu machen. Meiner Frau, die mich auf dieser Reise begleitete, erging es nicht anders.

Schon die Fahrt mit dem Auto über die sogenannte Interzonenautobahn nach Dresden hatte etwas Bedrückendes für mich. Mir war schon mulmig zumute, als wir die Grenzkontrollen passierten. Die Beamten waren, wenn auch korrekt, sehr steif und abweisend. Nach siebenundzwanzig Jahren im Westen war die Fahrt nach Dresden und nach Glashütte für mich auch eine Fahrt in die Vergangenheit. Der erste Eindruck bestärkte mich in meiner Vermutung: Alles erschien mir grau in grau, dort in der DDR gab es - das wurde mir immer klarer - tatsächlich keinen Fortschritt, sondern bestenfalls Stillstand und Verfall. Erstaunlich für mich war, dass sich im Grunde genommen so wenig verändert hatte. Die zerstörten historischen Wahrzeichen Dresdens lagen teilweise noch genauso da, wie ich sie aus den Nachkriegsjahren in Erinnerung hatte - in Trümmern. Und auch Glashütte hatte sich nicht sonderlich verändert, wenngleich der Verfall der baulichen Substanz auch dort unübersehbar war; an unserem Stammhaus beispielsweise und an zahlreichen anderen Gebäuden im Ort. Ich kam mir beinahe vor wie ein Eindringling, als ich mir unseren ehemaligen Besitz von außen näher ansah; als andere Besucher aus dem Westen das Stammhaus fotografierten, kam sofort der Pförtner auf sie zu und herrschte sie an, das gefälligst bleiben zu lassen.

Bei der Durchsicht des Nachlasses meines Onkels war ich dann ziemlich erfolgreich. Ich bin dabei auf Papiere und Dokumente gestoßen, die für mich von unschätzbarem Wert waren. Um sie in den Westen zu schaffen, musste ich hoch pokern und vielleicht sogar meine Freiheit aufs Spiel setzen. Meine Frau hatte vorgeschlagen, die Papiere und Dokumente in den Koffer zu packen, doch ich war der Ansicht, dass die Vopos (Volkspolizisten) dort zuerst suchen würden. Und ich behielt recht: An der Grenze musste ich die Motorhaube und den Kofferraum öffnen, dann wurden die Koffer durchsucht - man filzte uns gründlich. Aber unseren »Schatz« fanden die Grenzer nicht; er lag auf dem Rücksitz unseres Autos, unter einer Reisedecke versteckt. Zugegeben: An der Grenze hatte ich ganz schön weiche Knie - mein erster Ausflug in die DDR kostete mich am Ende noch eine ganze Menge Nervenkraft.

Welche Bedeutung der großen Glashütter Uhrmachertradition seitens der neuen Machthaber beigemessen wurde, ließ sich am Zustand des Grabes meines Urgroßvaters Ferdinand Adolph Lange ablesen: Es war offensichtlich über all die Jahre nicht gepflegt worden und völlig verwahrlost. Ich bin nach 1976 jedes Jahr für ein paar Tage nach Glashütte gereist und habe dann später dieses Grab wieder in Ordnung gebracht. Ein Steinmetz aus Heidenau fertigte die neuen Grabplatten, statt der Steingravur brachten wir Buchstaben aus Bronze an, in der festen Überzeugung, das sei für die Ewigkeit. Die Wiederherstellung des Grabes hat drei Jahre gedauert und war gerade abgeschlossen, als ich 1989 in Glashütte meine goldene Konfirmation feierte. Bei meinen Besuchen habe ich auch regelmäßig alte Bekannte getroffen, darunter frühere Mitarbeiter von A. Lange & Söhne, die noch dort lebten. Durch meine regelmäßigen Aufenthalte in der DDR konnte ich mir ein ausgesprochen gutes Bild über den anfangs langsamen, dann aber immer schneller voranschreitenden Niedergang machen.

1976 war das Jahr, in dem der Liedermacher und Lyriker Wolf Biermann ausgebürgert wurde und sich langsam, auch aus diesem Anlass, in der DDR die Bürger- und Protestbewegung formierte. Zunächst bestand sie aus zahlreichen prominenten Künstlern, aber auch aus Bürgern, die ihrem Unmut in Flugblättern Luft machten oder sich in Friedensgruppen unter dem Dach der Kirchen versammelten. Es war aber auch das Jahr, in dem die Schulden der DDR auf fünf Milliarden D-Mark kletterten. Die staatliche Planwirtschaft war immer weniger in der Lage, konkurrenzfähige Produkte anzubieten und Devisen zu erwirtschaften. Daran änderten auch die beschwörenden Appelle der DDR-Führung nichts. Mit geschönten Statistiken machte sich das Regime noch eine Reihe von Jahren Mut und wäre vermutlich ohne den Milliardenkredit, den die Bundesrepublik 1983 vermittelte, schon viel früher pleite gegangen. In der Mitte der Siebzigerjahre begann offensichtlich der unaufhaltsame und ungebremste Niedergang des DDR-Regimes, der seine Vollendung 1989 mit dem Fall der Mauer fand. Ich muss allerdings gestehen, dass ich in jenen Jahren niemals damit gerechnet habe, den Zerfall der DDR und die Wiedervereinigung noch erleben zu können. Ganz offensichtlich hatte sich bei mir - wie bei den meisten Bundesbürgern und den Bürgern der DDR - das Bild von den zwei deutschen Staaten fest eingeprägt - zu fest, um noch glauben zu können, dass innerhalb vergleichsweise kurzer Zeit die Grenzen niedergerissen werden könnten.

1976 war ich in Dresden und Glashütte erstmals nach vielen Jahren wieder zu den Wurzeln meiner Familie zurückgekehrt. Es blieb in diesem Jahr aber nicht die einzige Begegnung mit dem Namen A. Lange & Söhne und seiner großen Tradition, und die zweite war weit erfreulicher. In diesem Jahr machte nämlich eine großartige Ausstellung historischer Lange-Uhren in München überaus deutlich, welchen Stellenwert der Name A. Lange & Söhne bei Sammlern und Liebhabern immer noch hatte. Initiator und Veranstalter der Ausstellung war Martin Huber, der Sohn von Andreas Huber, der während des Krieges für seine Uhrenfertigung von uns Teile bezogen hatte. Martin Huber war es gelungen, in jahrelangen, hartnäckigen und akribischen Nachforschungen in Archiven und Kellern umfangreiches Material über A. Lange & Söhne zusammenzutragen. Eigentlich hätte die Ausstellung schon 1975 stattfinden sollen, anlässlich des einhundertsten Todestags von Ferdinand Adolph Lange. Die Vorbereitungen erwiesen sich aber doch als zu umfangreich. Erst im Oktober 1976 war es schließlich so weit: Mit großzügiger Unterstützung von Sammlern und ehemaligen Glashüttern konnte im Huber-Stammhaus in der Münchner Residenzstraße die bis dahin umfangreichste Ausstellung historischer Lange-Uhren präsentiert werden. Für mich war es eine große Ehre, die Schirmherrschaft zu übernehmen. Die Begeisterung der aus ganz Deutschland angereisten Uhrenliebhaber war riesengroß, und es ist Martin Huber nur zuzustimmen, wenn er schreibt, die Münchner Ausstellung sei die Initialzündung für ein neues »Glashütte-Fieber« gewesen. Der Name Lange erlebte in Deutschland eine Renaissance, von der wir vierzehn Jahre später, als wir uns an den Wiederaufbau des Unternehmens machten, noch profitieren konnten. Ich bin Martin Huber sehr dankbar dafür, diese Ausstellung organisiert zu haben, er hat großen Anteil daran, dass der Name A. Lange & Söhne wieder stärker ins Bewusstsein all derjenigen gerückt wurde, die den Glauben an und die Faszination für diese einzigartigen mechanischen Uhren nicht verloren haben.

Auch ich war fasziniert, zumal Martin Huber in der Ausstellung ganz außergewöhnliche Lange-Produkte präsentieren konnte. Beispielsweise die später als *Jahrhundert-Tourbillon* bekannt gewordene Uhr mit der Nummer 41000, die Emil Lange 1900 auf der Weltausstellung in Paris präsentiert hatte. Die rotgoldene Savonnette-Taschenuhr mit einem seltenen Platinüberzug ziert auf ihrem Sprungdeckel eine allegorische Emaille-Malerei: die römische Göttin Minerva mit der Weltkugel und dem Lorbeerkranz in der einen und einem Olivenzweig als Friedenssymbol in der anderen Hand. Im Hintergrund ist die Seine in Paris zu sehen mit den Ausstellungspavillons der teilnehmenden Länder, dazu Symbole der Kunst, der Medizin, der Landwirtschaft, des Handwerks und der Industrie. Die Uhr befand sich zur Zeit der Ausstellung im Besitz eines Sammlers, ihr Wert wurde seinerzeit auf rund 100.000 Mark geschätzt. Einige Jahre später wurde das Tourbillon in einem bekannten Auktionshaus in Genf für 1,5 Millionen Mark versteigert. Ein anderes, ebenfalls ungewöhnliches Stück war eine Taschenuhr mit ewigem Kalender und Grande Sonnerie aus den Beständen des Bayerischen Nationalmuseums in München. Eine weitere Uhr, allerdings nicht in dieser Ausstellung gezeigt, möchte ich an dieser Stelle nennen: 1898 fertigte A. Lange & Söhne für Kaiser Wilhelm II. eine Prunk-Savonnette, auf dem Sprungdeckel in ovaler Emaille-Malerei das Bild des Monarchen, gerahmt von Diamanten, Rubinen und Smaragden. Kaiser Wilhelm II. ließ die Uhr seinerzeit bei Lange anfertigen, um sie anlässlich seines ersten Besuchs des Osmanischen Reiches von Oktober bis November 1898 dem türkischen Sultan Abdul Hamid II. zu schenken. Die Prunk-Savonnette ist erhalten, sie befindet sich wohl im Topkapi-Museum in Istanbul.

Erfolg in den »neuen« Ländern

Ich werde manchmal gefragt, ob ich es bedauere, nicht schon früher die Chance erhalten zu haben, unser Unternehmen in Glashütte wieder aufzubauen. Oder ob nicht gelegentlich gar das Gefühl in mir aufkomme, das SED-Regime habe mir die besten Jahre meines Lebens und meine berufliche Existenz gestohlen. Auf solche Fragen antworte ich immer, dass es sich nicht lohnt zu hadern, unwiederbringlichen Chancen und dem Wenn und Aber nachzutrauern. Ich habe in meinem Leben gelernt, nach vorne zu schauen, und die Erfahrung gemacht, dass erst das berühmte Quäntchen Glück einen Erfolg ermöglicht. Und ich muss sagen, ich habe in meinem Leben mehr als dieses Quäntchen gehabt, ich hatte sogar Riesenglück: einen mörderischen Krieg zu überleben, die Flucht über das zugefrorene Haff und die Nehrung nach Danzig und schließlich die fast schon wundersame Rückkehr von Kopenhagen direkt in die Heimat nach Sachsen. Auch in den späteren Jahren im Westen habe ich mich mit der Devise, nicht zurück, sondern nach vorne zu schauen, den neuen Herausforderungen gestellt. Dass ich dann noch, gewissermaßen schon als Pensionär, das Unternehmen in Glashütte wieder gründen und aufbauen konnte, macht mich natürlich dankbar. Auch die Anerkennung, die mir und dem Unternehmen in den vergangenen Jahren zuteilgeworden ist, hat mich zutiefst gefreut. Das gilt sowohl für den Erfolg der Lange Uhren GmbH, den das Unternehmen auf dem internationalen Markt der Luxusuhren hat, als auch für die zahlreichen Auszeichnungen, die wir von angesehenen Juroren und Gremien für unsere Uhren bekommen haben, etwa die mehrfache Wahl zur »Uhr des Jahres« in verschiedenen Ländern, neben Deutschland beispielsweise auch in Österreich, Italien und Japan.

Die Stadt Glashütte hat mich 1995 zu ihrem Ehrenbürger ernannt, der Freistaat Sachsen ehrte mich 1998 mit dem Sächsischen Verdienstorden. Solche Auszeichnungen erfüllen mich ebenso mit Dankbarkeit und Freude wie die Anerkennungen, die mir und dem Unternehmen von führenden Politikern, beispielsweise vom ehemaligen Ministerpräsidenten Sachsens, Kurt Biedenkopf, oder dem früheren Bundespräsidenten Johannes Rau zuteilwurden. Natürlich ging es mir 1990 in erster Linie darum, die große Tradition von A. Lange & Söhne wieder aufleben zu lassen und das Unternehmen in Glashütte wieder aufzubauen, aber ebenso sehr ging es mir um die Menschen in Glashütte, die an dieser Tradition ihren Anteil haben und die es verdienen, dass eine intakte und wettbewerbsfähige Uhrenindustrie ihnen Arbeit und Auskommen bietet. Zu deutlich ist in mir noch das Bild aus meinen Kindertagen, das sich nach der Weltwirtschaftskrise 1929 einprägte, als sich die arbeitslosen Glashütter gegenüber unserem Stammhaus versammelten.

Ich bin in der Presse vielfach und beispielhaft als ein Unternehmer dargestellt worden, der bewiesen hat, dass man »im Osten was machen« und auch Erfolg haben kann. Keine Frage, man kann was machen, aber um Erfolg zu haben, braucht es manchmal eben doch eine Portion Glück, wie schon erwähnt, und auch die besonderen Umstände, ohne die der Aufbau der Lange Uhren GmbH niemals hätte gelingen können. Der Vorteil war, dass ich im Pensionsalter noch gesund und fit genug war, um ein solches Projekt angehen zu können. Die besonderen Umstände waren die außerordentlich produktive Zusammenarbeit mit der IWC und die, ich möchte sagen, kongeniale Partnerschaft mit dem Vollblutunternehmer Günter Blümlein, dem ich und das Unternehmen großen Dank schulden.

Denn Günter Blümlein war ein ausgesprochener Gewinn für die Lange Uhren GmbH, er war ein Mensch voller Ideen, ein hoch qualifizierter Techniker und Perfektionist, ein Arbeitstier und dazu noch ein ausgesprochenes Marketinggenie.

Ich selbst bin in meinem unternehmerischen Handeln, beim Aufbau der Lange Uhren GmbH und in den Jahren davor, immer der Devise gefolgt, positiv zu denken, eine Einstellung, an der es meiner Einschätzung nach in Deutschland fehlt. Allzu oft wird mit großer Freude über politische Misserfolge oder negative wirtschaftliche und soziale Entwicklungen diskutiert, und von der Presse, so mein Eindruck, werden diese Dinge bisweilen sogar sehnlichst herbeigeschrieben. Positive Entwicklungen hingegen werden weniger erwähnt oder gar nicht zur Kenntnis genommen. Eine solche Stimmung kann für eine nachhaltige Gesundung unserer Wirtschaft und den Wirtschaftsstandort Deutschland nicht gut sein. Ich wünsche mir stattdessen ein positives Denken, mehr Leidenschaft bei der Lösung der Probleme, die wir in einer globalisierten Welt ohne Zweifel haben. Und schließlich wünsche ich mir, dass in Politik und Gesellschaft der Konsens einen höheren Stellenwert bekommt. Denn bei allem Wettbewerb, den eine lebendige Demokratie braucht, und angesichts der komplexen Probleme, die wir dringend lösen müssen: Wir sind in schwierigen Fragen auf den Konsens angewiesen.

Der Lange zum Anfassen

Natürlich sind mir in den Jahren des Aufbaus der Lange Uhren GmbH herbe persönliche Rückschläge nicht erspart geblieben. Am 1. Oktober 2001 verstarb nach kurzer Krankheit Günter Blümlein; der plötzliche Tod meines hochgeschätzten Partners im Alter von achtundfünfzig Jahren bedeutete für mich einen tiefen Einschnitt in mein Leben. Im Jahr darauf, am 15. Februar 2002, starb meine Frau Jutta, die mir in einer über fünfzig Jahre dauernden Liebe und Partnerschaft immer wieder die Standfestigkeit und den Optimismus vermittelt hat, der in den Jahren nach dem Krieg, während unserer Arbeit in Pforzheim und nicht zuletzt beim Aufbau der Lange Uhren GmbH notwendig war. Ein unersetzlicher Verlust für mich. Im August zuvor konnten wir noch unsere Goldene Hochzeit feiern. Was wir hatten, haben wir gemeinsam geschaffen. Nachdem ich in Pforzheim »Pensionär« geworden war, hatten wir noch das große Glück, gemeinsam viel zu reisen. Uns faszinierte Ägypten immer sehr, also sind wir an den Nil gefahren und haben die wirklich atemberaubenden Zeugnisse der jahrtausendealten Geschichte aufgesucht. Die Pyramiden, die Sphinx, die Tempel von Luxor und Karnak, man kommt sich angesichts dieser imposanten Monumente ganz winzig vor. Ähnlich beeindruckt haben uns die Tempel der Azteken, die wir uns in Mexiko angesehen haben. Eine andere Reise führte uns in knapp vier Wochen gar um die ganze Welt, immer Richtung Osten, über Indien, Hongkong, Japan, Hawaii und die USA. Diese Reise, immer der Sonne entgegen, war schon sehr beeindruckend, aber sie war auch anstrengend. Später zogen wir Schiffsreisen vor, auf den Nordlandfahrten entlang der norwegischen Küste, nach Spitzbergen und Island ging es sehr viel geruhsamer zu.

Außerdem waren meine Frau und ich unverbesserliche Sylt-Fans, ich bin es immer noch. Auf diese zauberhafte Insel fährt man entweder nur einmal oder immer wieder. Wir haben uns für die zweite Möglichkeit entschieden, seit 1970 verbrachten wir im Sommer regelmäßig in Wenningstedt unseren Urlaub, immer bei denselben Gastgebern. Zum Zeichen unserer Anwesenheit hisste ich immer eine kleine Sachsenflagge, zu meinem Geburtstag eine große - vermutlich eine der wenigen, wenn nicht gar die einzige auf der Insel. Auf Sylt passt einfach alles, die Insel, das Meer, die Erholung, das Ambiente, das Klima - fantastisch. Kein Wunder, dass meine Frau und ich es - nach fünfundzwanzig Jahren - zu »Ehrenkurgästen« gebracht haben.

Und noch eine Leidenschaft habe ich, und zwar seit meiner Kindheit: Autos. Automobile und Mobilität haben mich schon immer begeistert. Als ich ein Halbwüchsiger war, erlaubte mir mein Vater, wenn wir mit unserem Auto, damals ein BMW, zu einem Ausflug starteten, den Wagen aus der Garage zu holen und - wohlgemerkt auf unserem Grundstück - vorzufahren. Ich habe mich immer darum gerissen. Vor drei Jahren erfüllte ich mir schließlich noch einen automobilen Traum: Ich habe mir einen Oldtimer gekauft, ein Mercedes Coupé, Baujahr 1966. Ein wahres Prachtstück, von dem manche behaupten, es sei das schönste Auto, das Mercedes je gebaut habe. Ich nutze das kostbare Stück zu kurzen Ausflügen von meinem Wohnort Pforzheim in den Schwarzwald oder um an Oldtimerveranstaltungen teilzunehmen - nicht an sportlichen Rallyes, sondern an gemütlichen Touren, etwa durch das Salzkammergut oder durch die bayerischen Voralpen. Es ist einfach toll und ungemein entspannend, mit solch einem Auto beispielsweise im Berchtesgadener Land die Rossfeldstraße entlangzugleiten und den wunderschönen Ausblick auf die umliegende Bergwelt zu genießen. Auch Günter Blümlein war ein Auto-Fan. So habe ich ihn gemeinsam mit meiner Frau im September 2001 während seiner Krankheit in Schaffhausen noch einmal besucht. Ich erinnere mich noch gut, wie er sich mit großem Interesse sämtliche Details an meinem »Oldie« ansah. Dies sollte unsere letzte Begegnung gewesen sein.

Hatte mich auf einmal das Quäntchen Glück verlassen? Es folgten weitere Schicksalsschläge. Nach dem Tod von Günter Blümlein und meiner lieben Frau Jutta stellte man Anfang 2003 bei mir eine heimtückische Krankheit fest. Ich hoffe, hier hatte ich wieder etwas Glück, dass die Krankheit rechtzeitig erkannt und durch eine gezielte Therapie offensichtlich besiegt wurde. Auch deshalb habe ich immer wieder versucht, meinen Mitarbeitern deutlich zu machen, dass es - auch wenn es noch so gut läuft - nicht immer nur aufwärts geht, sondern dass man mit Rückschlägen rechnen muss. Im Leben gibt es immer Höhen und Tiefen.

Immerhin, ich bin noch fit genug, der Lange Uhren GmbH weiter dienen zu können. Schon in den vergangenen Jahren habe ich, gewissermaßen als der Vertreter der Tradition, das Unternehmen auf Messen und Kundenveranstaltungen im In- und Ausland repräsentiert. Ich war dann dort »der Lange zum Anfassen«. Diese Aufgabe führte mich sogar vor gekrönte Häupter: Vor einem Galadiner im Dresdner Schloss Albrechtsberg gewährte die thailändische Königin Sirikit Günter Blümlein und mir eine private Audienz, die wir dazu nutzten, Ihrer Majestät eine Uhr zu überreichen. Die Königin bedankte sich mit einem Händedruck.

Zahlreiche Auslandsreisen führten mich in viele europäische Länder, in die USA, nach Kanada, Japan, in arabische Länder und selbst nach China. Aus »dem Koffer« zu leben war manchmal schon recht anstrengend, aber die Reisen und die damit verbundenen öffentlichen Auftritte haben bei mir dennoch großartige Eindrücke hinterlassen. Nicht zuletzt deshalb, weil ich mich davon überzeugen konnte, welchen internationalen Stellenwert unser Unternehmen erreicht hat und dass wir im Markt der Luxusuhren tatsächlich wieder eine absolute Spitzenposition erobert haben.

Welche Wertschätzung eine Lange-Uhr inzwischen wieder genießt, mag diese kleine Episode zeigen: Während einer Präsentation in Hamburg wohnte ich im Hotel Atlantic und bin in meinem Zimmer über eine verdeckte Stufe gestolpert und unglücklich gestürzt. Dabei verstauchte ich mir den linken Fuß schwer. Natürlich hat das Hotelpersonal sich sogleich um ärztliche Hilfe bemüht. Bei einer Untersuchung mit dem Kernspintomographen entdeckte der behandelnde Arzt das Lange-Tourbillon, das ich trug. »Wie wunderbar!«, rief er. »Eine Lange-Uhr!« – »Und ein echter Lange dazu«, war meine Antwort.

Ich bin überzeugt davon, dass die Wertschätzung für unsere Uhren noch lange anhalten wird. Oft werde ich gefragt, ob es nicht eines Tages auch wieder eine Lange-Taschenuhr geben wird, um noch stärker an die große Lange-Tradition anknüpfen zu können. Ich kann es nicht sagen. Sicher, eine neue Taschenuhr wäre ein verlockendes Thema. Aber Entwicklung und Umsetzung kosten viel Zeit und Energie, die das Unternehmen derzeit in den Sektor Armbanduhren investieren muss. Wie wir in den vergangenen Jahren bewiesen haben, sind wir in diesem Segment ausgesprochen innovativ, wir haben die Liebhaber und die Fachleute immer wieder mit Spitzenleistungen begeistern und überzeugen können. Das wird auch so bleiben, zumal sich A. Lange & Söhne in den vergangenen Jahren im Markt der Luxusuhren bestens positioniert hat.

Bis 2000 war die Lange Uhren GmbH ein Unternehmen der LMH (Les Manufactures Horlogères), einst ein Tochterunternehmen der VDO Adolf Schindling AG, die später von der Mannesmann AG übernommen wurde. 1999 entbrannte dann die Übernahmeschlacht zwischen Vodafone und Mannesmann, die ich mit großem Interesse, wenn auch aus der Distanz, verfolgt habe. Immerhin ging es dabei auch um »mein« Unternehmen, denn Vodafone hatte bekanntlich erklärt, sich von sämtlichen Mannesmann-Beteiligungen, die nicht zum Kerngeschäft Mobilfunk gehörten, trennen zu wollen. Das betraf also die LMH und damit die Lange Uhren GmbH. Und so kam es dann auch: Kurz nachdem Vodafone im Februar Mannesmann übernommen hatte, entwickelte sich erneut ein spannendes Bietergefecht, diesmal um die LMH mit ihren renommierten Marken IWC, Jaeger-LeCoultre und Lange. Sieger wurde am Ende die Schweizer Richemont-Gruppe, die im

Jahr 2000 die drei Marken, wie Fachleute urteilen, zu einem stattlichen Preis übernahm. Letztlich war mir klar, dass der Konzern auch an meinen Gesellschafteranteilen Interesse hatte. Nach mehreren Gesprächen und vielen schlaflosen Nächten willigte ich ein, wenn auch schweren Herzens, meine Anteile abzugeben. Wir kamen überein, dass ich als Patron - ein Wort, das Günter Blümlein immer sehr gern verwendet hat - weiterhin wichtige repräsentative Aufgaben für A. Lange & Söhne übernehmen und darüber hinaus die Geschicke des Unternehmens im 2002 neu gegründeten Aufsichtsrat »überwachen« sollte. Gleichwohl sollte die Familienlinie im Unternehmen auch in der nächsten Generation fortgesetzt werden.

Benjamin Lange, ein Nachkomme der Linie von Richard Lange, dem Bruder meines Großvaters Emil, ist mein Patenkind. Er war als Schuljunge häufig bei uns und ist von uns adoptiert worden. Er hat eine hervorragende Ausbildung absolviert, unter anderem bei der IWC in Schaffhausen und bei Richemont in London, die ihn für seine Aufgaben im Unternehmen bestens vorbereitet hat.

Natürlich »lebt« es sich unter dem Dach eines Konzerns anders, als wenn man als weitgehend unabhängiges, mittelständisches Unternehmen arbeitet. Ein Konzern hält nicht so engen Kontakt zu den Mitarbeitern; die Entscheidungen, die an der Spitze getroffen werden, sind möglicherweise auch an übergeordneten strategischen Zielen ausgerichtet. Andererseits bietet Richemont als starker Partner das Potenzial und die Strukturen für weitere Entwicklungen, vor allem bei der Internationalisierung der Marke und beim Ausbau des weltweiten Vertriebsnetzes. Sicher ist, dass die einzigartigen und unverwechselbaren Merkmale einer Lange-Uhr, sowohl was die Qualität als auch was das Design, die Exklusivität, die uhrmacherische Innovation und die Handwerkskunst betrifft, durch die neue Unternehmensstruktur nicht infrage gestellt werden - eine Lange-Uhr bleibt also auch künftig eine Lange-Uhr.

Wenn ich auf mein Leben zurückblicke, war mir fast immer Fortuna hold. Ganz besonders dankbar bin ich meiner lieben, guten Mutter. Wie schon erwähnt, war sie eine gläubige Katholikin, in einer Klosterschule erzogen. Als ich zum Wehrdienst eingezogen wurde, fuhr sie in den bayerischen Wallfahrtsort Altötting, um für mich Schutz zu erbitten. Ihre Bitte wurde anscheinend erhört, hatte ich doch bisher immer einen Schutzengel zur Seite. Kein Wunder also, dass meine Lebenserfahrung lautet: »Der Mensch denkt - Gott lenkt«, und zu allem gehört immer das berühmte »Quäntchen Glück«!

IV. Über Walter Lange

Walter Lange und sein Glashütte

Walter Lange liebte Spaziergänge, namentlich solche durch »sein« Glashütte. Hier kannten viele den Ehrenbürger. Und sie schätzten den älteren, stets freundlich lächelnden Herrn, dem die Stadt und ihre Einwohner viel zu verdanken haben. Wenn Walter Lange auf seine Beziehungen zu Glashütte und auch Dresden zurückblickte, dann tat er das durchaus mit gemischten Gefühlen. Da waren einerseits die vielen glücklichen Stunden als Kind und Jugendlicher, die er im Umfeld seiner Familie und ihres Unternehmens verbracht hatte. Anderes galt, wenn Walter Lange an die weniger liebsamen zehn Jahre zwischen 1939 und 1949 dachte. Als friedliebendem Menschen machten ihm die kriegerischen Geschehnisse zu schaffen, denen er sich leider nicht entziehen konnte. Ebenso schlimm war, was mit A. Lange & Söhne ab 1945 geschah. In diesem Jahr war Walter Lange voller Hoffnung nach Glashütte zurückgekehrt. Die letzte Etappe dieser reichlich mühsamen Reise durfte Walter Lange im Jahr 2014 nacherleben, diesmal unter weitaus erfreulicheren Rahmenbedingungen. Zu seinem 90. Geburtstag charterte die Belegschaft der Lange Uhren GmbH einen Traditionszug von Dippoldiswalde nach Rabenau und retour. Der Streckenverlauf entsprach der Route, auf der Walter Lange 1945 von der Front nach Hause zurückkehrte. An den verschiedenen Stationen der Fahrt durch den Rabenauer Grund stiegen Mitarbeiterinnen und Mitarbeiter zu. In Rabenau richtete Walter Lange an die Anwesenden emotionale Worte des Dankes. Durch dieses besondere Geschenk sei die schlimme Vergangenheit in ein sehr positives Licht gerückt worden. Und das werde er nie vergessen.

Eine prägende Erfahrung für Walter Lange waren die Bomben auf Glashütte am 8. Mai 1945. Und auch die wirtschaftliche und politische Ausrichtung in der sowjetischen Besatzungszone und damit auch in Glashütte nach Kriegsende nahm eine Wendung, welche dem Denken und Empfinden von Walter Lange grundsätzlich widersprach. Die damit einhergehenden Veränderungen bekam auch das Unternehmen schnell zu spüren. Als Letztes zeugte das legendäre Kaliber 28 von der Kompetenz und uhrmacherischen Leistungsfähigkeit des vom Regime zum Tode verurteilten Familienunternehmens. Dieses Handaufzugswerk hätte den Start in die von Walter Lange sehnlich erwartete Armbanduhr-Zukunft markieren können. Sein Plan wurde jedoch von der sozialistischen Realität ausgebremst. Die Enteignung der Firma und die Flucht in den Westen Deutschlands führten zum scheinbar endgültigen Bruch mit der Vergangenheit. Außer Freunden und Verwandten und der Sorge um die Menschen in seiner Heimatstadt gab es wenig, was Walter Lange mit Glashütte und seiner Umgebung noch verband. Zudem war er als »Zonenflüchtling« in Sachsen schlichtweg nicht mehr willkommen.

Erst der Tod von Otto Lange 1971 führte wieder zu einer Annäherung. Der in den Westen »entführte« Nachlass des Onkels, darunter das wertvolle Skizzen- und Wanderbuch von Ferdinand Adolph Lange, war gleichsam eine Entschädigung. Hinzu gesellte sich im Jahr 1976 eine besondere Ausstellung historischer Lange-Taschenuhren in München. Als Ehrengast bei der Eröffnung stand Walter Lange im Mittelpunkt. Und er brillierte vor dem interessierten Publikum mit seinen Erzählungen aus Glashütte. Damit war ein Bann gebrochen. Mit schöner Regelmäßigkeit reiste der mittlerweile in Pforzheim lebende Walter Lange fortan in die Heimat. Einer Versöhnung nach all den Jahren schien nichts mehr im Wege zu stehen, und Walter Lange begann, wie er schon Mitte der Achtzigerjahre erzählte, von einer Wiedergeburt des Namens A. Lange & Söhne zu träumen.

Das, was sich ab 1989 abspielte, ist hinlänglich bekannt. Walter Lange fand mit Herz und Verstand zurück nach Hause, auch wenn er den Wohnsitz nicht mehr nach Glashütte verlegen mochte. »Einen alten Baum verpflanzt man nicht«, gab er am 24. Oktober 1994 während der Renaissance-Veranstaltung in seiner launigen Art zum Besten und zitierte damit ein Bonmot seines Vaters. Walter Lange reiste gern, allein oder mit seiner Frau Jutta. Die nun regelmäßig anstehenden Ausflüge nach Glashütte stimmten ihn nicht nur fröhlich, sondern auch zuversichtlich.

Mit der Anmeldung der Lange Uhren GmbH am 7. Dezember 1990 war ein Neuanfang vollzogen. Man könnte sagen, mit 66 Jahren begann der möglicherweise wichtigste Lebensabschnitt von Walter Lange, ausgerechnet wieder in Glashütte. Er und die uhrenaffine Stadt im Müglitztal waren wieder eng miteinander verbunden. Walter Lange lebte und brannte leidenschaftlich für Glashütte, und dank des tatkräftigen Engagements von ihm und seinen Mitstreitern entwickelte sich A. Lange & Söhne erneut zu einem bedeutenden Mitglied des gleichermaßen kleinen wie erlauchten Zirkels internationaler Haute Horlogerie. Dieser Sachverhalt erfüllte Walter Lange mit eher stillem Stolz, denn das Laute lag ihm im Alter noch weniger als in jüngeren Jahren. Die Anerkennung und die vielen positiven Geschehnisse entfachten eine neue Leidenschaft, welche bis zu seinem Ableben anhielt. Gern nutzte Walter Lange die vielen Möglichkeiten, Präsenz im Müglitztal und in der Manufaktur zu zeigen. So war ihm sehr daran gelegen, bei allen wichtigen Veranstaltungen dabei zu sein. Er kannte Partner und Dienstleister sowie Mitarbeiter und ihre Familien, und er stand 2004 und 2010 im Mittelpunkt der »Tage der offenen Tür«, wo ihn jeder hautnah erleben konnte. Walter Lange faszinierte auch deswegen, weil er die Gründerväter repräsentierte. In ihm lebten sie fort, und er stand für alles, was man mit der Signatur A. Lange & Söhne bis heute verbindet.

Zwei Jahre nach der Publikation der Erstauflage dieser Biografie, exakt am 11. Juni 2006, las Walter Lange zahlreichen Gästen anlässlich der 800-Jahr-Feier von Glashütte vor, wie »die Zeit nach Hause kam«. Denn selbstverständlich nahm er am Stadtfest als Ehrengast und Redner teil. Auch begleitete Walter Lange am 5. September 2012 höchstpersönlich den ersten Spatenstich zum neuen Manufakturgebäude an der Altenberger Straße. Drei Jahre später, am 26. August 2015, begrüßte er dann bei strahlendem Sonnenschein zusammen mit dem Geschäftsführer Wilhelm Schmid die damalige Bundeskanzlerin Angela Merkel sowie Johann Rupert, den Chairman des Richemont-Konzerns, dessen Sohn Anton Rupert und viele weitere Gäste. Allesamt waren sie nach Glashütte gereist, um die Einweihung des lichtdurchfluteten Neubaus mit der internen Nummer »IV« zu zelebrieren. Interessiert lauschte Walter Lange den lobenden Worten der Kanzlerin und des südafrikanischen Firmenchefs, anteilnehmend schaute er der Politikerin beim Eintrag ihrer Grußbotschaft ins Gästebuch zu.

Natürlich ließ er es sich auch sonst nicht nehmen, bei Rundgängen in der Manufaktur den Spezialisten beim Montieren von Uhrwerken oder Finissieren von Uhrwerksteilen über die Schulter zu blicken und Anerkennung auszusprechen. Auch am 18. Februar 2015 war Walter Lange zugegen, als Glashütte eine Gedenktafel anlässlich des 200. Geburtstages seines Urgroßvaters Ferdinand Adolph Lange enthüllte. Einmal mehr erlebten die Bürger bei dieser Gelegenheit die Nähe des Ehrenbürgers zu seiner Stadt, in der er zwar nicht geboren, aber aufgewachsen war und die in seinem erfüllten Leben höchste Bedeutung besaß.

In der Zeit vom 6. bis 8. Dezember 2016 weilte Walter Lange zum letzten Mal in Glashütte und Dresden. Während einer Veranstaltung am 7. Dezember, dem doppelten Gründungsjubiläum, durften die geladenen Gäste bereits jene tickenden Neuheiten in Augenschein nehmen, welche während der Genfer Uhrenmesse Salon International de la Haute Horlogerie (SIHH) im Januar 2017 der Öffentlichkeit vorgestellt werden sollten. Ungeachtet seiner zweiundneunzig Lebensjahre begutachtete und kommentierte Walter

Lange das Gezeigte gewohnt fachmännisch. Und er freute sich darauf, ein weiteres Mal in die Stadt an der Rhône reisen zu dürfen, wo sich viele wie schon in den Jahren zuvor auf seine Anwesenheit freuten. Doch es sollte anders kommen. Walter Lange stürzte unglücklich und wurde ins Krankenhaus nach Pirna gebracht. Dort besuchten enge Mitarbeiter ihren Walter Lange während der Weihnachtstage, um ihm Beistand zu leisten und herzliche Genesungswünsche zu überbringen ... Doch Genesung stellte sich leider nicht mehr ein. Am Dienstag, dem 17. Januar 2017, dem zweiten Messetag in Genf, stand ein schwarz gerahmtes Bild des in der Nacht zuvor Verstorbenen deutlich sichtbar am Messestand von A. Lange & Söhne. Zahlreiche Menschen kondolierten. Als man Walter Lange zehn Tage später, am 27. Januar 2017, in Glashütte zu Grabe trug, kamen mehr als 200 Trauernde, um ihm die letzte Ehre zu erweisen. Eher klein an Statur, aber groß an Persönlichkeit und voller Menschlichkeit, das war der Ehrenbürger von Glashütte, den der eine oder andere auch noch Jahre nach seinem Tod beim Spaziergang durch den Ortskern vermisst. Walter Lange kannten viele: Ältere noch aus vergangenen Tagen und Jüngere als den Herrn Lange, der A. Lange & Söhne zurück nach Glashütte gebracht hatte. Walter Lange lebt in Glashütte weiter, auch wenn es ihn physisch nicht mehr gibt.

Anerkennung für Walter Lange und sein Lebenswerk

Prämierte Armbanduhren

1995, also ein Jahr nach der Lancierung der ersten Neuzeit-Uhrenkollektion von A. Lange & Söhne, veranstaltete die Fachzeitschrift *Armbanduhren International* ihre jährliche Publikumswahl der beliebtesten Armbanduhr des Jahres. Das Ergebnis glich einem Paukenschlag: Gleich zwei Mal entschieden sich die Leser für Uhren der »deutschen Marke« A. Lange & Söhne. Platz 1 belegte die Lange 1 und unmittelbar danach folgte das besonders augenfällige Tourbillon »Pour le Mérite«. Auf den Rängen danach fanden sich die erfolgsverwöhnten Schweizer Fabrikanten wieder.

Gerührt nahm Walter Lange die Siegerurkunden für das von ihm und Günter Blümlein wiederbelebte Unternehmen entgegen. Sein Dank an die Wähler fiel so aus, wie man es von dem damaligen Co-Geschäftsführer erwartete: eher knapp, aber tief ergriffen und in gewisser Weise auch demütig. Er trete hier nur stellvertretend auf für jene Menschen, welche diese überragenden Leistungen in seiner Heimat, dem sächsischen Glashütte, erbracht hätten. Dass diese Ehrung nur wenige Monate nach der offiziellen Rückkehr von A. Lange & Söhne auf die Bühne der Feinuhrmacherei und der Vorstellung der ersten Armbanduhren im Oktober 1994 erfolge, mache ihn schon ein wenig sprachlos. Er habe jedoch nicht eine Sekunde lang Zweifel daran gehegt, dass es gelingen werde, nach über 40 Jahren Dornröschenschlaf neue Lange-Uhren für moderne Ansprüche zu konstruieren und auf den Markt zu bringen. Erfahrung mit derartigen Situationen, das zeigte sich am Auftritt und an der Wortwahl, besaß der damals 70-Jährige noch nicht. Doch das sollte sich ändern. Im Laufe der folgenden Jahre wurde Walter Lange immer wieder auf die Bühne gebeten, um Preise für ausgezeichnete Uhren von A. Lange & Söhne entgegenzunehmen und einige Sätze ans Auditorium zu richten. Zum Routinier mutierte er gleichwohl nicht. Seine Worte bezeugten Ergriffenheit von dem wenige Jahre zuvor eigentlich Unvorstellbaren, welches der Marke mit zunehmendem Radius um das alte und neue deutsche Uhrenmekka nun quasi über Nacht widerfuhr. Von Jahr zu Jahr mehrten sich die nationalen und internationalen Auszeichnungen. Inzwischen haben sie die schier unglaubliche Zahl von 300 überschritten.

Deutlichere Worte als Walter Lange fand 1995 übrigens die eidgenössische Wochenzeitschrift *L'Hebdo* in einer Sonderausgabe über Uhren: »Die Rückkehr in die Uhrenszene verdient sowohl einen Glückwunsch wie besondere Aufmerksamkeit. Und sie ist nach ihrem echten Stellenwert zu würdigen: Angezeigt ist weder Euphorie noch die hier und da zu beobachtende ironische Süffisanz. [...] Die Schweizer Uhrenhersteller sollten das Signal voll und ganz beherzigen, im Bewusstsein, dass ererbte Pfründe vergänglich und einst erworbene Lorbeeren ein gefährliches Beruhigungsmittel sind. [...] Der stimulierende Beitrag des Auslands war für die Schweizer Uhrenindustrie immer fruchtbar und notwendig.«

Wer Walter Lange bei den Preisverleihungen aufs Handgelenk schaute, entdeckte dort häufig das erste Tourbillon »Pour le Mérite«, vorgestellt im Oktober

1994. Diese Armbanduhr, welche die großartige Uhrmachertradition von A. Lange & Söhne in einziger Art und Weise widerspiegelt, war sein ganzer Stolz. Daher trug er sie tatsächlich auch nur zu besonderen Anlässen. Aber auf dieses tickende Kunstwerk angesprochen, zögerte Walter Lange keine Sekunde, es vom Handgelenk zu nehmen, den Interessierten zu reichen und diese staunen zu lassen. Im Alltag blickte er hingegen gern auf eine gelbgoldene Langematik mit Großdatum, die 1997 als erste Automatikuhr von Lange eingeführt wurde. Für den erfahrenen Uhrmacher bestand die Faszination des Sax-0-Mat, wie er nicht nur einmal verlauten ließ, im rückspringenden Sekundenzeiger beim Ziehen der Krone. Der Fan genau gehender mechanischer Uhren betrachtete den ausgeklügelten Zero-Reset-Mechanismus als besonderes Zeichen der Präzision.

Ge- und verehrter Zeitgenosse

Zurück nach Glashütte: Ebenfalls im Jahr 1995 ehrte die Stadt den Mann, der die gleichermaßen präzise wie kostbar gemessene Zeit zurück ins Müglitztal gebracht hatte, mit der Ehrenbürgerschaft. Dieser besondere Status brachte unmissverständlich zum Ausdruck, dass sich im Leben von Walter Lange beinahe alles um Uhren drehte. Und dass er seine Heimat, in die er bis 1976 wegen der Beschränkungen durch das DDR-Regime nicht mehr reiste, weder aus den Augen verloren noch aus dem Gedächtnis gestrichen hatte. 1998 folgte die Verleihung des erst zwei Jahre zuvor gestifteten Sächsischen Verdienstordens durch Ministerpräsident Kurt Biedenkopf. Diese Auszeichnung erfolgte in dankbarer Anerkennung für hervorragende Verdienste um den Freistaat Sachsen und seine Bevölkerung. Walter Lange stand sie also in jeder Hinsicht zu.

Dagegen ließ der Verdienstorden der Bundesrepublik Deutschland bis 2015 auf sich warten. Mit einem leichten Augenzwinkern betonte Walter Lange in diesem Zusammenhang, dass es jetzt aber auch wirklich Zeit werde, denn viel Zeit bleibe ihm angesichts seines fortschreitenden Alters nicht mehr. Im Auftrag des Bundespräsidenten brachte Sachsens Ministerpräsident Stanislaw Tillich zum Ausdruck: »Das Wirken von Walter Lange zählt zu den größten unternehmerischen Erfolgsgeschichten seit der Wiedervereinigung Deutschlands.« Durch sein außerordentliches Engagement im Bereich des Uhrmacherhandwerks und der Wiederentstehung des Uhrmacherstandortes Glashütte habe sich der damals bereits Einundneunzigjährige als Unternehmer einmalige und herausragende Verdienste erworben. Dieser Laudatio konnten alle Anwesenden nur beipflichten. Walter Lange nahm es wie üblich recht gelassen und betonte hinterher kurz und bündig: »Die größte Ehrung ist für mich der Erfolg unserer Uhren.« Zu deren Genese hatte er bis zur Übernahme von A. Lange & Söhne durch die Schweizer Richemont-Gruppe in operativer Verantwortung als Unternehmer beigetragen.

Wenn es um Details bei Gehäuse, Zifferblatt, Zeigern, Uhrwerk und Armband ging, konnte der Minderheitseigentümer wahrhaft pingelig, ungemein hartnäckig und mitunter auch sehr stur sein. Nach dem Verkauf seiner Gesellschafteranteile verlagerte Walter Lange seine Aktivitäten aufs Repräsentieren rund um die Welt. Obwohl er kaum Englisch sprach,

Grundsteinlegung: Mit Walter Lange, Geschäftsführer Wilhelm Schmid und dem damaligen Bürgermeister von Glashütte, Markus Dreßler (v.l.n.r.), im September 2013

Versammelt: Die Lange-Belegschaft vor dem Manufaktur-Neubau, im September 2016

Begehrter Gesprächspartner: Walter Lange im Interview für das Fachmagazin Armbanduhren, 2006

Begeisterter Oldtimer-Fahrer: Walter Lange in seiner Pagode, im Sommer 2009

Im Gespräch über das Lebenswerk: Mit Alexandra Gerlach, Prinzessin zur Lippe, in Dresden 2012

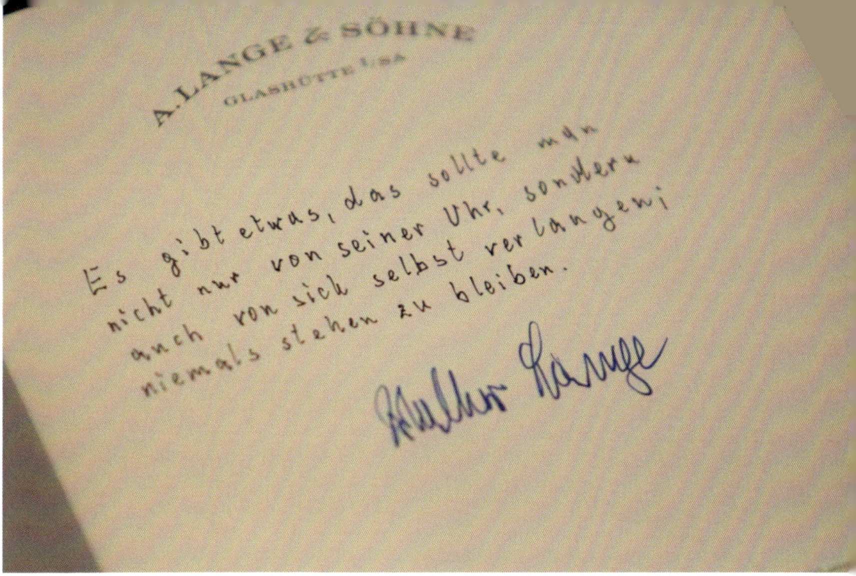

Niemals stehen bleiben: Walter Langes Widmung im Lange-Notizbuch für die frischgebackenen Facharbeiter

Alles für den Nachwuchs: Walter Lange mit Uhrmacherschülern vor dem Lange-Stammhaus 2002 und beim Tag der offenen Ausbildung im Jahr 2015

Kritischer Blick: Die Jury des F. A. Lange Watchmaking Excellence Award bei der Abstimmung. Gisbert L. Brunner, Anthony de Haas, Walter Lange, Peter Braun und Dr. Peter Plaßmeyer (v.l.n.r.), im November 2016

Hoher Besuch: Eröffnung der neuen Manufaktur mit Walter Lange, Bundeskanzlerin Angela Merkel, dem Ministerpräsident Sachsens Stanislaw Tillich und Geschäftsführer Wilhelm Schmid (v.l.n.r.), am 26. August 2015

Verewigt: Bundeskanzlerin Angela Merkel beim Eintrag in das Gästebuch

Ehre, wem Ehre gebührt: Verleihung des Bundesverdienstkreuzes an Walter Lange (links) durch Ministerpräsident Stanislaw Tillich, am 25. November 2015

Unermüdlich: Walter Lange (links) und Wilhelm Schmid vor einem Riesenmodell der Zeitwerk Minutenrepetition auf dem Messestand in Genf, im Januar 2015

Rekordergebnis: Die Charity-Auktion der 1815 »Homage to Walter Lange« erzielt 852.500 Schweizer Franken beim Auktionshaus Phillips in Genf, am 13. Mai 2018.

Denkmaleinweihung in Glashütte: Eine Bronzestatue von Walter Lange wird am 18. September 2020 enthüllt.

Namensgebung: Die eigene Uhrmacherschule wird zum „Walter Lange Aus- und Weiterbildungszentrum", am 13. Oktober 2022

Unvergessen: Mitarbeiter wie Lehrausbilderin Katja König feiern Walter Langes 90. Geburtstag im Traditionszug im Rabenauer Grund, am 29. August 2014.

Das größte Glück: Walter Lange (rechts), mit Sohn Benjamin und Schwiegertochter Joanna zur Taufe von Töchterchen Sophie in Irland, 2012

war der gebürtige Sachse überall auf dem Globus ein gern gesehener Gast. Sein Wissen um die mehr oder minder glorreiche Vergangenheit, seine Fähigkeit, Geschichten und Anekdoten aus seinem Leben pointiert vorzutragen, und der hintergründige Humor kamen überall gleichermaßen gut an. Wenn Walter Lange anwesend war, pflegten sich Menschen um ihn zu scharen. Und ein Platz an seiner Seite galt stets als besondere Ehre. Sprachliche Barrieren, die in der Uhr-Schweiz beispielsweise zwischen Franzosen und Deutschen bis in die Gegenwart an der Tagesordnung sind, traten allein schon durch die Persönlichkeit von Walter Lange schlichtweg in den Hintergrund.

Natürlich wusste neben der breiten Öffentlichkeit auch die eher überschaubare Uhrenwelt, was sie an Walter Lange hatte. 2013 überreichte die Fondation de la Haute Horlogerie (FHH), also die Stiftung zur Förderung der hohen Uhrmacherkunst, Walter Lange in Lausanne die Auszeichnung »Hommage à la Passion« für sein Lebenswerk. Im November 2014 bat man den damals Neunzigjährigen bei der weltweit übertragenen Zeremonie zum Grand Prix d'Horlogerie de Genève (GPHG) gleich zu Beginn auf die Bühne. Wiederum für sein umfassendes Lebenswerk zeichnete die Jury den Jubilar mit ihrem Sonderpreis aus. Bei der Laudatio im Grand Théâtre de Genève bekam Walter Lange zu hören, dass er die hohe Uhrmacherkunst im Blut und diese mithilfe von A. Lange & Söhne auf exzellente Weise in die Welt getragen habe. Walter Lange sei ein Mann des Jahrhunderts, der durch den Krieg alles verloren und trotzdem in einem Alter, in dem sich andere in den wohlverdienten Ruhestand begeben, wieder neu angefangen habe, um einer gebeutelten Region mit feinster Uhrmacherkunst zu einer besseren Zukunft zu verhelfen. Wegen der nicht sonderlich guten Übersetzung ins Deutsche verstand der Preisträger vermutlich nur die Hälfte des lobend über ihn Vorgetragenen. Walter Lange bedankte sich, betonte, dass er sich überaus geehrt fühle, und gab auf seine Weise kurz zum Besten, warum er sich mit sechsundsechzig Jahren erneut harten Strapazen aussetze. Er wolle qualifizierte Arbeit zurück nach Glashütte bringen. Hinterher beim Galadinner verkündete Walter Lange am runden Tisch vor einem kleinen Kreis geladener Gäste einmal mehr seine glaubwürdige und in jeder Hinsicht nachvollziehbare Lebensphilosophie: »Du kannst so hart arbeiten, wie du willst, aber ohne ein klein wenig Glück kommst du nie ans Ziel. Ich bin jeden Tag dankbar für das Glück, das mir in meinem bisherigen Leben widerfahren ist.«

Ehrenvolle Lebensweisheit

Ja, Walter Lange war ein dankbarer Mensch. Auch der sogenannte Oscar der Uhrmacherkunst trug nicht dazu bei, ihn mental in abgehobene Sphären zu katapultieren. Schließlich hatten das schon der *Bild-Osgar* im Jahr 2004 und der Caesars Award für Walter Langes Lebensleistung im Jahr 2011 nicht geschafft. 2015 gesellte sich übrigens noch der Revolution Award für die Lebensleistung und 2016 der Jury-Ehrenpreis des deutschen Fachmagazins *Armbanduhren* hinzu. Einen nicht ganz ernst gemeinten Hinweis, warum er sich so lange erstaunlich guter körperlicher Verfassung erfreute, gab Walter Lange

2014 während eines Mittagessens den Jury-Mitgliedern des »F. A. Lange Watchmaking Excellence Award« in Dresden: »Ich habe nie geraucht, wenig Alkohol getrunken und zwischendurch immer mal ein Päuschen eingelegt.«

Eine 1815: Tickende Ehrung für Walter Lange

Seine helle Freude hätte Walter Lange sicher an dem gehabt, was in Glashütte posthum zu seinen Ehren entstand. Zeitlebens und keineswegs ohne Grund galt für ihn das sogenannte Secundenwerk als eine Art Heiligtum. Schließlich erfolgte dessen Konstruktion in der Ära der Taschenuhren im Gegensatz zu anderen *Komplikationen*. Entscheidende Impulse für die letztendlich realisierte und nur in geringer Auflage von 233 Exemplaren gefertigte Taschenuhr kamen von Großvater Emil und insbesondere dem Großonkel Richard Lange. Die Besonderheit der am 3. August 1877 durch das Reichspatent Nr. 182 geschützten Zusatzmechanik bestand darin, dass sie sich auf dem bereits vorhandenen Uhrwerk mit Dreiviertelplatine montieren ließ. Im Fall des Falles konnte sie ohne Beeinträchtigung der eigentlichen Zeitfunktion und Indikationen jederzeit entfernt werden. Unter diesen Vorzeichen verkörperte besagtes »Secundenwerk« die familiäre Feinuhrmacher-Tradition in nachgerade perfekter Weise. Kein Wunder also, dass Walter Lange das tief empfundene Begehren nach einer möglichst originalgetreuen Renaissance dieses sehr speziellen Zeitmessers mit zwei Sekundenzeigern nicht nur einmal äußerte. Allerdings nicht mehr für die Tasche, sondern im 21. Jahrhundert ganz zeitgemäß zum Tragen am Handgelenk. Auf das Fehlen eines breiteren Armbanduhrspektrums hatte Walter Lange übrigens schon in den Vierzigerjahren immer wieder hingewiesen. Im persönlichen Gespräch betrachtete er dieses Manko als einen Grund für die in dieser zurückliegenden Epoche keineswegs geringen wirtschaftlichen Probleme von A. Lange & Söhne. Aus welchen Gründen auch immer ging der langgehegte Wunsch nach einer Rückkehr des »Secundenwerk« zu Lebzeiten von Walter Lange nicht mehr in Erfüllung. Womöglich lag es daran, dass viele andere Projekte die Entwicklungsabteilung in Glashütte auf Trab hielten. In Vergessenheit geriet das Thema freilich nicht. Zu Ehren des Firmengründers wurde 2018, nur ein Jahr nach seinem Tod, die 1815 »Homage to Walter Lange« vorgestellt. Wie das große Vorbild besitzt das eigens konstruierte und an das Geburtsjahr von Walter Lange erinnernde Handaufzugskaliber L1924 gleich zwei Sekundenzeiger. Der kleinere bei sechs Uhr dreht seine Runden schleichend, während der zentral positionierte auf Knopfdruck akkurate Sekundensprünge vollzieht.

Mit der 1815 »Homage to Walter Lange« offerierte A. Lange & Söhne genau das, was sich der posthum damit Geehrte zeitlebens als perfekte Armbanduhr vorstellte: Ihre äußeren Werte repräsentieren das unabdingbar Notwendige, die inneren Werte eine eher unauffällige, technisch jedoch spannende und hilfreiche Zusatzfunktion. Zweifellos charakterisiert diese tickende Ehrerbietung den Verstorbenen in idealer Weise: Ihre Referenznummer 297.078 beinhaltet seinen Geburtstag am 29.7., die Limitierung der drei Versionen thematisiert Eckdaten der Firmengeschichte: 145 Rotgold-Exemplare bringen die Zeitspanne vom ersten Gründungstag 1845 bis zur Anmeldung der Lange Uhren GmbH durch Walter Lange 1990 zum Ausdruck. Aufgrund der Jahreszahl »90« gibt es 90 Uhren in Weißgold. Und schließlich zogen von diesem Zeitpunkt bis zur Präsentation des neuen Modells im Dezember 2017 ganz genau 27 Jahre durch die sächsischen Lande. Dies symbolisieren 27 Gelbgold-Zeitmesser. Die Einzigartigkeit von Walter Lange und seiner Persönlichkeit verkörpert schließlich ein Unikat mit schwarzem Emaille-Zifferblatt in einem Edelstahlgehäuse. Jenes erlöste beim Genfer Auktionshaus Phillips am 13. Mai 2018 stolze 852.500 Schweizer Franken. Derart viel wurde bis dahin noch nie für eine Lange-Armbanduhr bezahlt. »So wie wir wäre unser Unternehmensgründer Walter Lange, dem wir diese Uhr gewidmet haben, sehr glücklich über das großartige Resultat gewesen«, betonte Geschäftsführer Wilhelm Schmid am Ende der Versteigerung zugunsten der international agierenden Kinderhilfsstiftung Children Action. Das Wohl von Kindern und benachteiligten Menschen lag dem »Patron«, wie ihn Günter Blümlein gern bezeichnete, zeitlebens nämlich sehr am Herzen.

2020, als die Stadt Glashütte stolz auf 175 Jahre Uhrengeschichte zurückblickte, war besagte 1815 »Homage to Walter Lange« längst restlos ausverkauft. Am 18. September feierte die kleine deutsche Uhrenmetropole ihren Ehrenbürger durch die Enthüllung eines Denkmals, das Walter Lange in charakteristischer Haltung zeigt. Die vom Hamburger Künstler Thomas Jastram mit finanzieller Unterstützung der Lange Uhren GmbH geschaffene Bronzestatue auf dem Platz vor der St.-Wolfgang-Kirche ermöglicht all jenen, die Walter Lange erlebt und nie vergessen haben, wiederkehrende Begegnungen über seinen Tod hinaus.

Walter Lange und der Uhrmachernachwuchs

Liebend gern begab sich Walter Lange dorthin, wo der Weg zur fertigen Uhr seinen Anfang nimmt. Und dieser beginnt, noch bevor überhaupt das erste Einzelteil gefertigt wird: bei der Ausbildung. In der Lehrwerkstatt, wie man seinerzeit zu sagen pflegte, erlebte er, wie sich junge Menschen, die ihm sehr am Herzen lagen, Schritt für Schritt ihrem beruflichen Ziel näherten. Er sah ihnen zu beim Erlernen diffiziler Handwerkskünste und weckte durch seine Anwesenheit und seine Erzählungen das Verständnis für das mächtige Erbe von vier Lange-Generationen. Immer wieder nickte er wohlwollend und lächelte, wie es zu seiner feinen, zurückhaltenden Art passte. Sein Faible für die Lehrwerkstatt kam nicht von ungefähr. Die berufliche Entwicklung der Auszubildenden erinnerte Walter Lange, und das bekundete er häufig, an seinen eigenen Weg in die Uhrmacherei. Dieser jedoch war von Umwegen gekennzeichnet und zudem auch deutlich steiniger. Deshalb schätzte er das von Fürsorge getragene Umfeld bei A. Lange & Söhne in Glashütte sehr. Das bestens ausgestattete Schulungszentrum fußläufig zur Manufaktur und die ihren Schützlingen zugetanen Ausbilder beeindruckten ihn ebenso wie der Eifer und Lernwille des uhrmacherischen Nachwuchses. Daher war es kein Wunder, dass Walter Lange regelmäßige Zusammenkünfte mit den Auszubildenden und ihren Lehrern ein echtes Anliegen waren. Ein erstes von vielen Treffen dieser Art stand im Dezember 2008 an: Bei Kaffee und Dresdner Christstollen führte Walter Lange durch sein Elternhaus, das Stammhaus, und plauderte in gewohnt lockerer Weise über sein Leben und die Freude am Erfolg von A. Lange & Söhne. »Eine Lange-Uhr hat eine Seele, und die muss auch bewahrt werden«, ließ er wissen. »Bei mir muss eine Uhr leben, ich möchte sehen, wie sie arbeitet, und dieses Tick-Tack hören.«

Zum Lehrabschluss überreichte Walter Lange den Jugendlichen ein Notizbuch. Mit großer Freude wertete er das Geschenk durch eine persönliche Inschrift auf. Dafür saß er zuvor in seinem Büro und notierte sein Credo in jedes dieser Bücher: »Es gibt etwas, das sollte man nicht nur von seiner Uhr, sondern auch von sich selbst verlangen: niemals stehen zu bleiben.« Die Teilnahme an diesen Feierlichkeiten war ihm ein Bedürfnis. Bis heute nutzt man dafür nicht nur bei Lange die traditionelle Bezeichnung »*Freisprechung*«. An motivierenden Worten zum Übertritt in neue berufliche Perspektiven mangelte es Walter Lange auch bei dieser Gelegenheit niemals. Auch die »Tage der offenen Ausbildung« wären ohne Walter Lange nur eine halbe Sache gewesen. Gerade wegen seines Alters und seines umfassenden Lebenswerks galt er als leuchtendes Vorbild.

Mehrfach in seinem Leben hatte er eindrucksvoll demonstriert, dass Resignation und Aufgeben der falsche Weg sind, mit schwierigen Situationen umzugehen. Richtig war es seiner Meinung nach, »jetzt erst recht« zu sagen und mit ausgestreckter Hand auf Menschen zuzugehen. Genau diese charakteristische

Geste bringt das Walter-Lange-Denkmal in Glashütte treffend zum Ausdruck.

Und eine weitere Ehre wurde ihm zuteil: Am 13. Oktober 2022 feierte A. Lange & Söhne das 25. Jubiläum der internen Lehrausbildung. Dieser Jahrestag bot eine glänzende Gelegenheit, die hauseigene Uhrmacherschule umzubenennen in »Walter Lange Aus- und Weiterbildungszentrum«.

Die Förderung des Nachwuchses hatte auch der 2010 von Walter Lange mit initiierte »F. A. Lange Watchmaking Excellence Award« zum Ziel. Teilnehmen konnten angehende Uhrmacherinnen und Uhrmacher aus aller Herren Länder. Der Siegerin oder dem Sieger winkten nicht weniger als 10.000 Euro Preisgeld, gestiftet von der Lange Uhren GmbH. Um sich diesen stattlichen Betrag zu sichern, mussten die Teilnehmenden von ihrer Berufsschule empfohlen werden und ihr ganzes Können aufbieten. Jedes Jahr galt es, eine spezielle Aufgabe zu lösen. Einmal beispielsweise sollte das zur Verfügung gestellte Handaufzugswerk eine Mondphasenanzeige bekommen, ein anderes Mal eine Gangreserve-Indikation. Der Weg zum Ziel und die Ausführung standen den Kandidatinnen und Kandidaten frei. Am Ende musste das Eingereichte den exakt definierten Kriterien entsprechen und einwandfrei funktionieren. Zum Kreis der begutachtenden Preisgeld-Jury gehörte natürlich auch Walter Lange. Für den erfahrenen Uhrmacher markierte der Tag, an dem fünf Fachkundige die eingelieferten Arbeiten begutachteten, eine Besonderheit des Uhrenjahres. Bei teilweise hitzigen Diskussionen war er in seinem Element. Hier demonstrierte Walter Lange sein umfassendes Wissen und seine reichen Erfahrungen. Dass die Einreichungen von unterschiedlicher Qualität waren, lag in der Natur der Sache. Aber Walter Lange fand für alles, also auch das weniger Gelungene, immer wertschätzende oder zumindest erklärende Worte. Er wusste um das Engagement der Teilnehmenden und welche Mühen es bedeutete, sich während der ohnehin schon anstrengenden Ausbildung auch noch monatelang mit einem komplexen Thema theoretisch und praktisch auseinanderzusetzen. Am Ende konnte, so leid es Walter Lange auch tat, nur eine Arbeit gewinnen. Wäre es nach ihm gegangen, wären häufiger mehrere Teilnehmer zum Zuge gekommen.

Der Tod Walter Langes riss eine tiefe Lücke in die Gruppe der Jurymitglieder. Durch die Umbenennung des Preises in »Walter Lange Watchmaking Excellence Award« im Jahr 2017 bleibt der Verstorbene aber weiterhin präsent.

Begegnungen hautnah: Erinnerungen von Weggefährten

Im Folgenden kommen diejenigen zu Wort, die Walter Lange beruflich und persönlich gut kannten. Neben Lange-Geschäftsführer Wilhelm Schmid, Uhrenhändler Martin Huber und Sohn Benjamin Lange teilen Mitarbeiter der Manufaktur, die in verantwortungsvollen Positionen bei A. Lange & Söhne arbeiten und bedingt durch ihre Aufgaben häufig auf Walter Lange trafen, ihre Erinnerungen.

Korrekt, seriös und vertrauensvoll
von Hartmut Knothe, ehemaliger Geschäftsführer

Hartmut Knothe war der erste Mitarbeiter der Lange Uhren GmbH. Er wurde von Walter Lange und Günter Blümlein mit der Aufgabe betraut, das Unternehmen operativ aufzustellen, und wirkte von 1994 bis 2006 als Geschäftsführer. Bevor er auf Walter Lange traf, war er sechsundzwanzig Jahre in der Uhrenindustrie der DDR tätig, mit Stationen in den Bereichen Ausbildung, Technologie und Konstruktion.

Walter Lange lernte ich 1990 persönlich kennen. Bevor er nach Glashütte kam, war er schon im Gespräch. In der Wendezeit hörte man schon Sätze wie »Vielleicht kommt der Herr Lange zurück? Mit ihm würde die Uhrenindustrie wieder erblühen wie in früheren Zeiten.« Viele Dinge waren in Glashütte noch da: das Stammhaus, welches bis dahin der Hauptsitz der VEB Glashütter Uhrenbetriebe (GUB) war. Dazu die Grabstätten der Familie Lange und die alten Lange-Uhren im Traditionskabinett. Es gab einige Gründe, warum man sich an Walter Lange erinnerte. Er hatte all die Jahre auch Kontakt zu alten Bekannten gehalten wie zu Irma Teubner, einer Schulfreundin, oder zu Isolde Fischer vom Fotofachgeschäft. Über sie war er mit Glashütte in Verbindung geblieben. Ausschlaggebend für die Rückkehr Walter Langes nach Glashütte waren aber die Gespräche mit Günter Blümlein. In dieser Startphase kam ich ins Spiel, und noch vor Weihnachten 1990 bot man mir eine Zusammenarbeit an. Nach einigem Abwägen habe ich zugesagt, bereut habe ich es nie. Es war eine wunderbare Situation. Die Freiheiten, die ich hatte, mit Günter Blümlein und Walter Lange im Rücken, waren eine riesengroße Chance. Es ging darum, passende Gebäude zu suchen, die Finanzierung zu sichern, qualifizierte Menschen von einer Mitarbeit zu überzeugen, die Ausbildung aufzustellen und geeignete Partner zu finden. Ich bekam ein ganzes Portfolio an Aufgaben, welche mir zu Ostzeiten keiner übertragen hätte. Günter Blümlein, ein feiner Mann, hat mir damals alle Türen in der Schweiz geöffnet. Er hat mich mitgenommen zu Jaeger-LeCoultre, zur IWC, zu internationalen Meetings, um Händler und Kunden kennenzulernen, und so weiter. Im Schnellkurs hat er mir beigebracht, unter welchen Bedingungen man hier arbeitete.

Walter Lange war Verfechter der handwerklichen Tradition und der disziplinierten Berücksichtigung aller Erfahrungen und Lehren, welche die Familie Lange in der Uhrenfertigung gesammelt hatte. Das begann bei der Auswahl der Materialien und setzte sich fort bei der Ausformung bestimmter Komponenten und der Exklusivität der Produkte. Zu spüren war es bei der Vollendung von Einzelteilen. Natürlich ging es darum, jene Handwerkskunst einzusetzen, welche Lange früher schon gezeigt hatte. Dabei brachten beide, Günter Blümlein und Walter Lange, ihre Ideen ein. Das Material Neusilber sollte für Platinen, Brücken und Kloben verwendet werden. Selbstverständlich hatte Walter Lange über solche Dinge intensiv mit Günter Blümlein und der Konstruktionsabteilung gesprochen. Dabei ging es vor allem darum, in den neuen Uhren Elemente aufzugreifen, welche potenzielle Kunden von früheren Lange-Taschenuhren kannten, wie etwa die Dreiviertelplatine, verschraubte Goldchatons, Neusilber-Bauteile und die Unruhspiralen. Wichtig waren natürlich auch bestimmte Funktionen und die Gestaltung.

Walter Lange hat mir einige Prinzipien vermittelt. Beispielsweise empfahl er mir, mit Mitarbeitenden keine Du-Beziehung zu führen. In seinem Auftreten war er immer äußerst korrekt, seriös und vertrauensvoll. Und er nahm sich stets Zeit für die Belegschaft, das haben die Mitarbeiter sehr geschätzt. Von Günter Blümlein wiederum habe ich Freizügigkeit im Handeln gelernt …

Wenn Günter Blümlein und Walter Lange in Glashütte waren, haben wir hart gearbeitet, aber auch regelmäßig gefeiert. Es gab öfter Abende, an denen wir das Tagesgeschäft bei einem guten Essen und einem ebenso guten Rotwein ausgewertet haben. Wir haben uns gegenseitig vertraut und dieses Vertrauen niemals missbraucht. Es war ein harmonisches Miteinander. Dadurch hat der Markenaufbau damals funktioniert. Da Walter Lange aus Jugendjahren noch Familien in Glashütte kannte, die er gelegentlich besuchte, zeigte er sich im Ort. Man wusste, dass Walter Lange maßgeblich zur Gründung der neuen Firma Lange beigetragen hatte. Für uns war es vorteilhaft, dass er repräsentative Aufgaben in Glashütte besonnen und sympathisch erledigte. Ohne Walter Langes Familiengeschichte, ohne seine lange Erfahrung und sein respektvolles Auftreten wäre das in erstaunlich kurzer Zeit Erreichte nicht möglich gewesen.

Als wir im Oktober 1994 die erste Neuzeit-Kollektion in Anwesenheit des damaligen sächsischen Ministerpräsidenten Kurt Biedenkopf präsentierten, war das eine riesige Ehre für uns. Durch diesen Erfolg wurde Walter Lange sicherer und selbstbewusster. Doch an seiner grundbescheidenen Persönlichkeit hat sich nie etwas geändert. Auszeichnungen und Ehrungen und das Interesse an unseren Uhren haben Walter Lange mit Stolz erfüllt.

Der Tod von Günter Blümlein im Herbst 2001 machte Walter Lange sehr betroffen und traurig. Das galt auch für mich. Ich erinnere mich an das Frühjahr 2001, als sich bei Günter Blümlein Anzeichen einer schweren Erkrankung zeigten. Gemeinsam mit ihm war ich nach der Baselworld zum *Genfer Uhrensalon* gereist, um den für das kommende Jahr geplanten neuen Messestandort kennenzulernen. Dies war unser letztes persönliches Zusammentreffen. Danach haben wir telefoniert, und in unseren letzten Gesprächen hat er mir den Fahrplan diktiert, was zu tun sei, damit sich A. Lange & Söhne kontinuierlich weiterentwickeln könne. So erging es auch Walter Lange. Der Anspruch Günter Blümleins an die Marke, die Qualität und Besonderheit unserer Uhren war die maßgebliche Leitlinie für unser Handeln.

Auch im hohen Alter besuchte uns Walter Lange noch regelmäßig in der Manufaktur, bis zu seinem Sturz am 6. Dezember 2016. Dieser ereignete sich am späten Nachmittag nach dem traditionellen Adventskaffeetrinken mit unseren Lehrlingen. Walter Lange kam schwer verletzt nach Pirna, und es folgte ein längerer Krankenhausaufenthalt. In dieser Zeit haben ihn vertraute Kollegen und ich besucht und mit ihm kommuniziert, immer in Abstimmung mit seinem Sohn Benjamin Lange. Gemeinsam konnten wir manches regeln. Wir haben Walter Lange in der Hoffnung bestärkt, dass er zurückkommen wird. Das hat ihm sicher geholfen. Als er schließlich am 17. Januar verstarb, waren wir alle sehr betroffen. Neben den vielen herausfordernden Aufgaben im Unternehmen habe ich Walter Lange noch vieles mehr zu verdanken. Nicht zuletzt, dass ich nach meiner Pensionierung im Unternehmen bleiben konnte. Und von den Beziehungen, die Walter Lange zum Unternehmen und den Mitarbeitern pflegte, habe ich mir viel abschauen können.

Jetzt kommt der Herr Lange
von Katja König, Lehrausbilderin

Katja König stammt aus Berggießhübel und kam 1999 als junge Uhrmachermeisterin zu A. Lange & Söhne. Vom ersten Tag an war es ihre Aufgabe, die Lehrausbildung weiter aufzubauen. Ein Thema, an dem auch Walter Lange großes Interesse hatte …

Wenn Walter Lange in Glashütte war, kam er stets mit guter Laune in die Ausbildung. Er wollte schauen, wie es uns geht und was es Neues gibt. Schnell kam er mit den Auszubildenden ins Gespräch. Interessiert hat er verfolgt, was die jungen Menschen machen. Gern hat er sich ausführlich berichten lassen, woran sie gerade arbeiten und wie es läuft. Unsere Auszubildenden haben die Besuche als normal erachtet. Sie fanden es großartig, dass sie Herrn Lange höchstpersönlich treffen konnten. Schließlich war er der Unternehmensgründer und als solcher auch verantwortlich dafür, dass sie hier das Uhrmacherhandwerk erlernen können. Mitunter hieß es: »Oh, jetzt kommt der Herr Lange.« Sie merkten schnell, dass da kein Erhabener, sondern ein ganz Bodenständiger zu ihnen wollte. Die Geschichte von A. Lange & Söhne ist immer ein Thema gewesen. Die Lehrlinge wussten, wie Walter Lange die Firma 1990 gegründet hat. Wenn er kam, dann hat er sich immer Zeit genommen. Eine halbe Stunde, manchmal aber auch sehr viel länger.

Zu unseren weihnachtlichen Zusammentreffen brachte Walter Lange manchmal sein Gesellenstück mit, eine Taschenuhr, die mit seinem Namen graviert war - die Auszubildenden durften sie anschauen und untersuchen. Dann drehten sich die Gespräche um geschichtliche Fragen, die er als Zeitzeuge beantwortete, aber auch um das Hier und Jetzt, um aktuelle Aspekte der Ausbildung und wie sich die jungen Menschen ihre Zukunft vorstellen. Das hat ihn interessiert. Er wollte erfahren, was die Ideen der Lehrlinge sind.

Gern kam er auch zur Abschlussfeier der Ausbildung. Er hat es sich nicht nehmen lassen, den Absolventen persönlich zu gratulieren und ihnen gute Wünsche mit auf den Weg ins Leben mitzugeben. Zu diesem Anlass schenkte er ihnen ein Notizbuch mit seiner Widmung, eine unbedruckte Version des Skizzen- und Wanderbuchs seines Urgroßvaters. Der Grundgedanke war, dieses Buch als persönliches Skizzen- und Wanderbuch zu verwenden. Ganz nach dem Motto, dass das Lernen nach der Ausbildung nicht beendet ist. Die meisten Bücher sind tatsächlich in Gebrauch.

Mir ist Walter Lange gut in Erinnerung geblieben, er war im Alter meiner Großeltern, die größtenteils aus der Uhrenbranche kamen. Daher war er für mich wie Familie. Wir hatten ein sehr herzliches Miteinander, wir konnten lachen und scherzen. Ich habe ihn auch als ehrlichen und natürlichen Menschen erlebt. Die Vergangenheit und die Tradition von A. Lange & Söhne sind für uns wichtig. Uns bewegt stets die Frage: »Wo kommen wir her, was sind unsere Wurzeln?« Das versuchen wir unseren Azubis zu vermitteln. Wir Ausbilder geben den Azubis das traditionelle Handwerkswissen mit, denn das ist das Fundament unserer Uhren und deren prägender Elemente, wie der handgravierte Unruhkloben. Mich erfüllt es mit Freude und Stolz, dass ich Walter Lange persönlich kennenlernen durfte und dass ich erleben konnte, wie er uns in Glashütte begleitet und motiviert hat.

Die Umbenennung der Lehrwerkstatt in »Walter Lange Aus- und Weiterbildungszentrum« am 13. Oktober 2022 war ein wichtiger Moment für uns. So können wir den Namen Walter Langes in Ehren halten. Die Herausforderung wächst nicht nur mit den technischen Neuerungen, sondern auch, weil die Jugend sich ändert. Unser Ziel ist es, die bestmögliche Balance zwischen dem Überlieferten und den heutigen Anforderungen zu finden. Wir versuchen, diese Aufgabe im Sinne von Walter Lange zu lösen, ohne dabei altbacken zu wirken.

Immer bei den Menschen

von Tino Bobe, Direktor der Manufaktur

Tino Bobe stammt aus Glashütte und kam 1999 zunächst als Konstrukteur zu Lange. Später wurde er Direktor der Manufaktur. Als studierter Feinwerktechniker mit einer Werkzeugmechaniker-Ausbildung in Glashütte hatte er viele Berührungspunkte zu Walter Lange.

Wenn Walter Lange in Glashütte war, war ihm der Kontakt zur Belegschaft immer sehr wichtig. Kaum aus seinem Auto gestiegen, machte er sich meist direkt auf den Weg zu unseren Büros, also zu Anthony de Haas und mir. Er wollte sehen, was es an neuen Entwicklungen gab. Seine ersten Fragen waren: Welches sind unsere Neuheiten? Wie läuft die Produktion? Walter Lange war mit Herzblut bei den Menschen. Er ist durch alle Bereiche gegangen und hatte für jeden Mitarbeiter ein freundliches Wort. Dieses Auftreten besaß für uns über all die Jahre hinweg einen immensen Wert. Er kam in die Manufaktur, um den Mitarbeitern beizustehen, sie zu motivieren und ihnen für ihr fortwährendes Engagement zu danken. Wenn wir ihm unsere Neuheiten vorab präsentierten oder wenn wir ihm erzählten, wie die Uhrenproduktion lief oder welche technologischen Fortschritte wir uns wieder erarbeitet hatten, dann nickte er zufrieden, und wir fühlten uns bestätigt und ermutigt. Für den Fortgang unserer Arbeiten war das äußerst wertvoll. Andererseits bedeutete es uns viel, dass Walter Lange durch die positive Entwicklung bei A. Lange & Söhne seinen Frieden fand. Das galt auch für die Zeit, in der er wegen seines fortschreitenden Alters nicht mehr so häufig kommen konnte. Nachgelassen hat die innige Beziehung zum Unternehmen und den Menschen darin jedoch nie.

Ein besonderes Verhältnis hatte Walter Lange zur ersten Generation der Mitarbeiter - sowohl zu den ersten Angestellten als auch zu den bei uns ausgebildeten Uhrmachern, den Pionieren sozusagen. Genauso nah stand er aber auch den Werkzeugmechanikern in unseren Fertigungsbereichen, wo noch immer die allererste Erodiermaschine stand. Die mochte er besonders, weil man so gut sah, was passierte. Nicht zu vergessen schließlich die Hausmeister, Shuttle-Fahrer und Empfangsdamen: Sie alle besuchte er und erkundigte sich nach ihrem Befinden. Herr Lange war im Unternehmen sehr beliebt.

Ich hatte das große Glück, mehrfach mit Walter Lange unterwegs zu sein. Tief beeindruckt nahm ich wahr, wie diszipliniert er mit sich selbst umging. Einmal - da muss er schon über achtzig Jahre alt gewesen sein - habe ich es gewagt, Walter Lange auf einem japanischen Bahnhof beim Einstieg in den Shinkansen anzubieten, seinen Koffer zu tragen. Das hat er sehr bestimmt zurückgewiesen. Es illustriert, welchen Anspruch er an sich gestellt hat, auch im hohen Alter. Er war häufig als Botschafter der Marke unterwegs, und überall hat er von den anwesenden Händlern und Kunden größte Wertschätzung erfahren.

Ich habe Walter Lange als sehr gradlinig und stringent in Erinnerung. Er war fokussiert und ehrlich, er übte Kritik, wenn ihm etwas nicht gefiel, egal ob Uhr, Bauprojekt oder andere Dinge. Immer brachte er dabei seine Lebenserfahrung ein. Ich habe oft erlebt, dass sich Walter Lange an den Werktisch gesetzt und durch die Lupe Uhrwerke oder deren Einzelteile inspiziert hat. Für ihn war jedes Detail wichtig. Das galt nicht nur für die Produktion, sondern auch für die Entwicklung und den Musterbau. Er hat sich hingesetzt und unsere Prototypen in aller Ruhe betrachtet. So war Walter Lange.

Können Sie mir was zeigen?

von Anthony de Haas, Direktor Produktentwicklung

Der aus den Niederlanden stammende Uhrmacher und Feinmechaniker brachte Erfahrungen mit, die er zunächst in den Ateliers von IWC und Renaud & Papi in der Schweiz gesammelt hatte. Er war von Günter Blümlein für den Entwicklungsbereich empfohlen worden und traf 2004 zum ersten Mal auf Walter Lange.

Meine erste Begegnung mit Walter Lange fand im Oktober 2004 statt, als ich erst seit ein paar Wochen für A. Lange & Söhne tätig war. Sehr gut erinnere ich mich, dass er als Erstes sagte: »Ah, Sie sind Holländer, Holland ist ein schönes Land.« Und dann hat er erst einmal von seinen Aufenthalten in Holland erzählt. Anschließend zeigte sich Walter Lange begeistert, dass ein Uhrmacher die Entwicklungsabteilung übernimmt. So ließ er mich wissen, was ihm mit Blick auf die Vergangenheit wichtig war, zum Beispiel eine große *Unruh*. Und andere uhrmacherische Traditionen, die wir bei A. Lange & Söhne weiterhin pflegen. Ihm war an einer perfekten Mischung zwischen Tradition und innovativen Ideen gelegen. Wenn Walter Lange zu mir kam, fragte er oftmals gleich: »Herr de Haas, was gibt es Neues, können Sie mir was zeigen?« Natürlich habe ich mich dann angestrengt, ihm etwas Spannendes vorzulegen. Das hat Spaß gemacht, obwohl er durchaus kritisch war ... Er besaß hohe Ansprüche, und die hat er deutlich geäußert. Insgesamt denke ich, dass Walter Lange immer ganz zufrieden war mit dem, was er in der Entwicklungsabteilung erlebte. Auf dem Gebiet der Uhren hatte er

Favoriten, und das mussten nicht unbedingt die komplizierten Zeitmesser sein.

Gern fuhr Walter Lange zur Basler Uhrenmesse. Und oftmals kam er ein paar Wochen später mit den Katalogen der Aussteller zu mir: »Herr de Haas, haben Sie das gesehen?« Und dann haben wir über dort gezeigte Uhren diskutiert. Günter Blümlein kam oft zur Sprache. Für Walter Lange war sein Tod ein großer Verlust, der ihn traurig stimmte. Mit ihm hatte er einen wichtigen Sparringspartner und Freund verloren. Diese Gefühle konnte ich sehr gut nachempfinden.

Gut erinnere ich mich auch an eine frühe Begebenheit rund um seinen achtzigsten Geburtstag im Jahr 2004. Unsere Idee war eine limitierte Uhr mit gravierter Unterschrift von Walter Lange. Aber diese Uhr mochte er nicht. »Da steht doch A. Lange & Söhne drauf, mein Name hat da nichts zu suchen!«, kommentierte er das Projekt.

Bei unseren längeren Gesprächen ging es nicht um Partner oder andere Hersteller, sondern vor allem um die jungen Menschen. Die Jugend, den Nachwuchs zu fördern und zu fordern, dabei Unterstützung zu leisten, das war für ihn elementar. Nicht nur bezogen auf Lange, sondern auch auf Glashütte. Die Jugend, die Uhrmacherei, das Erhalten der Uhrmacherkunst, all das bewegte ihn. Junge Leute zu erreichen, sie zu motivieren und zu unterstützen, ihnen Sicherheit und eine attraktive Arbeitsstelle zu geben, das war ihm ausgesprochen wichtig.

Als wir 2009 die digitalanzeigende *Zeitwerk* vorstellten, brauchte Walter Lange einige Zeit, um sich damit anzufreunden. Es war keine Liebe auf den ersten Blick. Aber als Herr Lange die Uhr später umdrehte und das hochkomplexe Werk sah, war er zufrieden. Sein Tenor: »Gut, ich würde sie selbst nicht kaufen, da passiert mir zu viel. Aber das Produkt ist gelungen, und ich hoffe, dass viele Menschen diese Uhr tatsächlich mögen. Sie passt schon zur Marke.«

In meinem Büro gibt es auch einen Uhrmachertisch. Daran setzte sich Walter Lange. Er wollte durch die Lupe schauen und das Gesehene verstehen. Niemals wollte er uns erklären, wie etwas funktioniert. Zeitlebens habe ich sein immenses Interesse gespürt, stets im Sinne von »Darf ich mal gucken?« Und er ging richtig ins Detail: »Okay, ah, das ist schön. Warum haben Sie das so gemacht?« Das war Walter Lange, da war er in seinem Element.

Er war das Herz der Manufaktur

von Wilhelm Schmid, Geschäftsführer

Der aus dem Rheinland stammende Betriebswirt begann seine Karriere als Kraftfahrzeugmechaniker. Nach diversen Stationen in der Öl- und Automobilindustrie, darunter einem längeren Aufenthalt in Südafrika, kam er 2011 als Geschäftsführer zur Lange Uhren GmbH. Seine Faszination für A. Lange & Söhne begann bereits mit dem Kauf einer 1815, dem fünften Uhrenmodell von Lange, in den Neunzigerjahren.

Walter Lange konnte und durfte ich von 2010 bis 2017 erleben. Er repräsentierte die Alte Schule im wahrsten Sinn des Wortes. Und er hat die Menschen so akzeptiert, wie sie sind. Sein Credo lautete: »Ich bin die Brücke zur Vergangenheit.« Und das stimmte auch. Es waren ganz bestimmte Werte, für die Walter Lange stand und auch heute noch steht. Das Uhrmacherische, das Bodenständige, die zurückhaltende und bescheidene Art hat er mit in die Firma gebracht und dort verankert.

Das, was mich an Walter Lange beeindruckt hat, konnte ich besonders bei gemeinsamen Reisen erleben, die uns meist nach Genf führten. Sein körperlicher Zustand erschwerte zunehmend weite Reisen. Aber beim *Genfer Uhrensalon* war Walter Lange immer eine ganze Woche lang vor Ort, das hat er sich nicht nehmen lassen. Die Fachhändler und Journalisten, aber auch die Mitarbeiter freuten sich immer über seine Anwesenheit. Das war natürlich eine schöne Erfahrung für ihn und auch für uns.

Es verdeutlicht auch, dass seine großen Verdienste vor allem im menschlichen Bereich zu finden sind. Walter Lange hat uns Werte vermittelt, und diesen werden wir uns immer verpflichtet fühlen. So etwas muss einem Menschen erst einmal gelingen. Beeindruckend ist, dass sich Walter Lange so nachhaltig in die Firma eingebracht hat, dass seine Denkweise und sein Handeln auch lange nach seinem Tod noch nachwirken und unsere Entscheidungen leiten.

Ich persönlich werde Walter Lange stets in positiver Erinnerung behalten, obwohl wir uns nicht immer in jeder Hinsicht einig waren. Zur guten Atmosphäre unserer Gespräche hat sicherlich eine besondere Tradition beigetragen, die seine regelmäßigen Besuche in meinem Büro begleitete: Für ihn stand immer ein halbes Schinken- und ein halbes Käsebrötchen sowie ein Stück Pflaumenkuchen bereit. Das schätzte er, mehr Service wollte er nicht, denn das wäre in seinen Augen unnötig gewesen. Die intensiven Gespräche mit ihm habe ich sehr genossen. Nie vergessen werde ich, dass Walter Lange einmal eine Schachtel mit besonders guten Birnenschnapspralinen mitgebracht hat. Die haben wir im Laufe der Zeit Stück für Stück gemeinsam gegessen. Absolut legendär sind Walter Langes Versuche, unseren japanischen Partnern zu erklären, dass er so alt geworden sei, weil er keinen Fisch esse. Das hat ihn immer amüsiert, und danach wurde er gern gefragt. Wir haben uns die passende Erklärung für die japanischen Gäste überlegt, für die Fisch bekanntlich hoch im Kurs steht. Sehr bewegend war für mich auch eine andere Episode: Anfangs hatte ich mein Büro in dem Raum, der heute unser Showroom ist. Einst war dieser Raum das Esszimmer der Familie Lange. Dort, wo heute keine Tür mehr ist, kam 1945 ein russischer Soldat herein, während Walter Lange mit seinen Eltern am Tisch saß. Diese und andere Geschichten aus seinem Leben waren hochinteressant.

Gern erinnere ich mich an unsere Weihnachtsfeiern mit der ganzen Belegschaft. Walter Lange war so gut wie immer mit dabei. Diese anhaltende Verbundenheit zur Firma und den Mitarbeitern war ihm sehr wichtig. Sein riesengroßes Engagement für junge Uhrmacher ist auch der Grund dafür, dass wir vor zwei Jahren unser Ausbildungszentrum nach Walter Lange benannt haben. Die Idee einer solchen Würdigung haben wir schon einige Jahre mit uns herumgetragen und sie schließlich in die Tat umgesetzt.

Zweifellos das wichtigste Ereignis im späteren Leben von Walter Lange dürfte die Eröffnung unseres neuen Manufakturgebäudes im August 2015 gewesen sein. Die damalige Bundeskanzlerin Angela Merkel kam und sagte in ihrer Ansprache: »Mut und Weitsicht, das ist etwas, wovon Herr Walter Lange persönlich ein Lied singen kann. Denn nach der Enteignung des alten Unternehmens im Jahre 1948 haben Sie sich dann 1990 daran gemacht, die von den Vorfahren aufgebaute Feinuhrmacherei wiederzubeleben. [...] Es ist Ihnen und Ihren Mitstreitern gelungen, der Traditionsmarke A. Lange & Söhne wieder Weltrang, nicht mehr und nicht weniger, zu verschaffen. Erfolgsgeschichten wie dieser ist der gute Ruf ostdeutscher Länder zu verdanken, den sie heute als innovative, als flexible, als moderne Standorte genießen.« Ich erinnere mich, dass Walter Lange hocherfreut war, auf die Kanzlerin zu treffen. Gelöst plauderte er mit ihr beim Firmenrundgang und erklärte ihr, was unsere Uhren so besonders macht. Ganz besonders stolz war er, als er mit ihr und uns das Band vor der Eingangstür durchschneiden konnte.

Sowohl Walter Lange als auch Günter Blümlein, den ich leider nie kennengelernt habe, besaßen menschliche Größe. Mein Eindruck war, dass sich beide persönlich nie ins Rampenlicht drängten. Aber Günter Blümlein hat Walter Lange die Hauptrolle auf der Bühne zugestanden. Walter Lange war das Herz, Günter Blümlein das Hirn hinter A. Lange & Söhne, so beschreibe ich sie gern. Nur die beiden zusammen konnten das bewegen, was in den Neunzigerjahren tatsächlich bewegt wurde. Ohne den jeweils anderen hätte jeder wahrscheinlich Schiffbruch erlitten. Daher erscheint es mir wichtig, dass wir Günter Blümlein zwar immer in einem Atemzug mit Walter Lange nennen, aber ebenso seine herausragende unternehmerische Leistung respektieren. Dass wir bei A. Lange & Söhne heute bildlich gesprochen Stockwerk für Stockwerk weiter aufbauen, ist sicherlich die Leistung unserer Generation. Aber wir dürfen nicht vergessen, dass dies auf einem tragfähigen Fundament geschieht, das wir zweifellos beiden verdanken.

Ohne es zu ahnen, haben wir 1976 die Samen gesät*

von Martin Huber

Martin Huber, Jahrgang 1942, stammt aus einer alten Münchener Uhrenhandelsdynastie. Schon Vater Andreas Huber pflegte als Inhaber der Firma Uhren Huber, München enge Geschäftsbeziehungen zu A. Lange & Söhne. Martin Huber übernahm 1966 die Firma seines verstorbenen Vaters. Seine große Begeisterung für die Uhren von A. Lange & Söhne veranlasste ihn, mit der Unterstützung von Walter Lange eine Ausstellung zu organisieren und ein erstes Fachbuch über Lange-Uhren zu verfassen.

Ich erinnere mich noch gut an das erste Gespräch mit Walter Lange. Es war 1976, und ich war in Vorbereitung für eine große Ausstellung über die Taschenuhren von A. Lange & Söhne, Glashütte. Walter Lange war mein Ehrengast, und er überbrachte mir als Leihgabe das wertvollste historische Dokument seiner Familie, das Skizzen- und Wanderbuch seines Urgroßvaters Ferdinand Adolph Lange aus dem Jahr 1837. Wir sprachen über die Vergangenheit, die schwierigen Kriegsjahre, in denen mein Vater mit

* Dieser Text entstand noch zu Lebzeiten von Walter Lange im September 2004.

Rohwerken von Lange Marine-Borduhren zu Chronometern remontierte, das Ende der Manufaktur und seine Flucht in den Westen. Mich beeindruckte sofort die würdevolle Bescheidenheit von Walter Lange, und ich spürte die tiefe Liebe, die ihn noch immer mit den Menschen seiner hinter dem Eisernen Vorhang liegenden alten Heimat verband. Da war kein Jammern, aber unverkennbar Wehmut und sorgende Anteilnahme. Wer von uns konnte damals ahnen, dass es Walter Langes Schicksal sein sollte, vierzehn Jahre später die Uhrmachertradition seiner Familie in das verarmte und seiner Identität beraubte Glashütte zurückzutragen? Die 1976 in München stattfindende Ausstellung war aber auch die Initialzündung für die Wiedergeburt von A. Lange & Söhne - und zwar als hochbegehrte Antikuhrenmarke. Es entstand ein wahrer Boom für antike Uhren aus Glashütte, und zahlreiche Journalisten und Fachautoren entdeckten in der Zeit nach der Wiedervereinigung den Ort als wichtige Fundgrube für historische Recherchen.

Die Wende brachte zwei Männer zusammen, wie sie unterschiedlicher nicht hätten sein können. Der Nürnberger Günter Blümlein war Ingenieur und erfolgreicher Sanierer zweier berühmter Schweizer Uhrenmarken, IWC Schaffhausen und Jaeger-LeCoultre. Diese Firmen waren in der großen Uhrenkrise der Siebzigerjahre aufrund des hohen Goldpreises, des starken Frankens und des Aufkommens günstiger Quarzuhren in große Bedrängnis geraten und von der deutschen VDO übernommen worden. Günter Blümlein und sein uhrenbegeisterter Aufsichtsratsvorsitzender Albert Keck - selbst, wie es der Zufall will, gelernter Uhrmacher - überlegten, welchen Beitrag ihre Unternehmensgruppe zum Wiederaufbau in den neuen Ländern leisten könnte, und kamen auf Glashütte und A. Lange & Söhne. Walter Lange, inzwischen in Pension, überlegte, ob er einen industriellen Partner finden könnte, der den Wiederaufbau seiner Manufaktur wagen würde. Es gab alte Kontakte zu IWC Schaffhausen, und so kam es zu einem Treffen mit Günter Blümlein. Der Funke sprang über zwischen den beiden Männern, die Chemie stimmte, und man gründete gemeinsam die Lange Uhren GmbH. Ohne weiteren Zeitverlust packten sie das Unterfangen an. Die Aufgabenteilung war von Anfang an klar:

Günter Blümlein war der im Stahlbad der Uhrenkrise groß gewordene Manager zweier wieder erfolgreicher Manufakturen, dem niemand mehr ein X für ein U vormachen konnte. Ein hoch kreativer Unternehmer, den die Aufgabe faszinierte, mit seiner ganzen Lebenserfahrung eine untergegangene Premiummarke wiederzubeleben und eine Uhrenmanufaktur von null an aufzubauen. A. Lange & Söhne sollte die Krönung seines Lebenswerks werden.

Walter Lange brachte seine Familientradition, seine Zeitzeugenschaft sowie seine auch zu DDR-Zeiten niemals ganz abgerissenen Verbindungen nach Glashütte ein. Seine Rückkehr als Geschäftsführer der Lange Uhren GmbH erzeugte bei den in der Region lebenden Menschen ein großes Vertrauen in die Ernsthaftigkeit des Vorhabens und, noch viel wichtiger, Hoffnung auf einen wirtschaftlichen Aufschwung in einer Zeit großer Zerrissenheit. Denn Aufbruchstimmung und Euphorie der deutschen

Wiedervereinigung waren der wirtschaftlichen Realität einer maroden Industrielandschaft im Osten Deutschlands gewichen.

Im Oktober 1994 kam die große Stunde. Nach vier Jahren geheimster Vorbereitungen präsentierten Walter Lange und Günter Blümlein einer handverlesenen Schar renommierter Fachhändler aus dem deutschsprachigen Raum die ersten Lange-Uhren. Ein bewegender Moment: Lange war wieder da - mit Uhren wie dem Tourbillon »Pour Le Mérite« und der Lange 1 mit dem Großdatum, die mechanische Uhrengeschichte schreiben sollten. Während Günter Blümlein mit rastloser Energie den Aufbau der Manufaktur vorantrieb, erfüllte Walter Lange die Sehnsucht der Menschen in Glashütte und einer enorm wachsenden Öffentlichkeit, die von der Erfolgsstory A. Lange & Söhne fasziniert war, nach einem Unternehmer zum Anfassen. Mit einem Terminkalender, der beinahe einem Bundespräsidenten Ehre gemacht hätte, eilte Walter Lange als Botschafter für seine Uhren von Veranstaltung zu Veranstaltung. Die Integrität, die von dem bescheidenen und doch so beharrlichen älteren Herrn ausging, verfehlte ihre Wirkung nie. Die Menschen spürten: Da ist einer, der ist in seine alte Heimat zurückgekehrt, um den Menschen dort zu helfen, getreu dem Vorbild seines Urgroßvaters Ferdinand Adolph Lange, der mit der Errichtung einer Lehrwerkstätte 1845 und der daraus entstandenen Uhrenindustrie die Not der Menschen im Erzgebirge gelindert hatte.

In all den wilden Aufbaujahren nach der Wende mit den ungezählten Beute- und Reibachunternehmern war Walter Lange ein menschlicher Lichtblick im milliardenverschlingenden Ost-Dschungel. Ein

Mensch, der über Werte nicht zu reden brauchte, sondern sie verkörperte. Für die rasch wachsende Zahl der Mitarbeiter der Lange Uhren GmbH wurde Walter Lange zusammen mit seiner Frau im besten Sinne eines Familienunternehmens die menschliche Seele im Betrieb. Als seine Frau im Februar 2002 starb, hinterließ sie im Unternehmen trauernde Mitarbeiter und eine große Lücke.

Meine Begegnungen mit Walter Lange waren immer bereichernd. Wir haben einander mehr als ein Vierteljahrhundert durchs Leben begleitet, und die Liebe zu A. Lange & Söhne hat uns freundschaftlich verbunden. Ohne es auch nur zu ahnen, hatten wir beide in den Siebzigerjahren eine Saat gelegt, die vierzehn Jahre später wie ein Wunder zu einem wichtigen Baustein für den Wiederaufbau der Manufaktur wurde. Eine der menschlich ganz großen Leistungen bleibt jedoch für mich das Verhältnis zwischen Walter Lange und Günter Blümlein, der auf dem Höhepunkt seines Schaffens im Oktober 2001 viel zu früh verstorben ist. Das Verhältnis war frei von jeglichen Eitelkeiten und Rivalitäten, und so konnte jeder seine ganze Kraft der ihm zukommenden Aufgabe widmen.

Die Wiedergeburt von A. Lange & Söhne ist für mich die Erfolgsgeschichte zweier Menschen, in denen sich Idealismus und Tüchtigkeit in einer ganz selten gewordenen Weise gefunden und verbunden haben.

Da ist sehr viel Bewunderung

von Benjamin Lange

Der in Pforzheim geborene Benjamin Lange war nach seinem Studium der Betriebswirtschaftslehre von 2003 bis 2007 als Leiter des Service-Marketing bei der Lange Uhren GmbH beschäftigt. Nach einer Station in Hongkong beim Schmuckhersteller Wellendorff wurde er 2015 Geschäftsführer der Bucherer Deutschland GmbH.

Wenn ich an meinen Vater Walter Lange denke, habe ich sein lachendes, freundliches und mitreißendes Gesicht immer vor Augen.

Retrospektiv betrachtet war der Höhepunkt im Leben meines Vaters die Wiederbelebung der Marke A. Lange & Söhne. Darin bestand für ihn die Verpflichtung gegenüber unseren Vorfahren. Am Anfang hatte er sicherlich viel Respekt vor der Aufgabe. Schließlich hatte er mit Lange in Pforzheim schmerzhafte Erfahrungen gesammelt. Es war klar, dass Lange nur in Glashütte funktionierte. Mein Vater hatte in seinen ersten Gesprächen mit Günter Blümlein sofort gemerkt, dass dieser ein Visionär mit einem sehr starken Charakter war. Einer, der die Geschichte und die Werte der Marke respektierte und ihn ernst nahm mit all seiner Erfahrung. Ab da war er Feuer und Flamme. Günter Blümlein war sein Verbündeter - die beiden haben als absolute Einheit funktioniert.

Ich glaube, die Marke A. Lange & Söhne ist einen großartigen Weg gegangen; man bewahrt bis heute die traditionellen Werte, auch bei den Uhren, man erhält die hohe Qualität, und die Stückzahlen sind ausgesprochen limitiert. Das sind jene Grundprinzipien, die Günter Blümlein und Walter Lange damals definiert haben. Trotzdem war es für viele Sammler oder Fans der Marke spannend, eine Persönlichkeit zu erleben, welche die Marke historisch greifbar macht. Traumhaft schöne Uhren sind das eine, Mythos und Geschichten das andere. Die Menschen wollen Faszination. Wenn Walter Lange seine Rede gehalten hat, ohne Skript, ganz natürlich, und erzählte, was ihm in den Kopf kam, dann herrschte Stille im Raum. Insbesondere während der Anfangszeit war das sehr wichtig. Er konnte die Renaissance der Marke glaubwürdig und authentisch erklären.

Er hatte klare Werte, die er vertreten hat, egal ob er jemanden damit befremdete. Von ihnen ist er selten abgerückt. Das konnte auch anstrengend sein. Aber für mich war er ein wahnsinnig wichtiger Gesprächspartner und Mentor. Mein Vater unterstützte mich bei allem, wofür ich ihm auch heute noch sehr dankbar bin.

Als ich ihm 2007 erklärte, dass ich ein Angebot bekommen habe, nach Hongkong zu gehen, um den Vertrieb für Wellendorff in Asien aufzubauen und somit internationale Vertriebserfahrung zu sammeln, überraschte er mich. Er stimmte mir zu, dass dieser Weg zu dieser Zeit richtig war, und meinte: »Benjamin, das ist eine Riesenchance. Mach das, und nutze diese Möglichkeit.«

Später zog er Dias heraus und zeigte sie mir: »Schau her, Hongkong in den Siebzigern. Da war ich ein paar Tage.« Dann hat er mir alles über seine Erlebnisse in dieser beeindruckenden Stadt erzählt.

Er hatte ein sehr gutes Gedächtnis, und sein Wissen war ungemein detailliert, egal, wozu man ihn befragte: Orte dieser Welt, Geschichte, die der Familie, das aktuelle politische Geschehen, er hatte Gedanken dazu. Da wir beide die Leidenschaft für Uhren und Schmuck geteilt haben, hatten wir immer interessante Themen, die wir miteinander diskutieren konnten. Diese Gespräche fehlen mir heute sehr. Wenn ich an ihn zurückdenke, empfinde ich sehr, sehr viel Bewunderung. Für seine Werte und seinen eisernen Willen, die sicherlich dazu beigetragen haben, dass er zweiundneunzig Jahre alt geworden ist. Ob es ihm gut ging oder nicht: Jeden Tag und bei jedem Wetter hat er zu Fuß seine Runde gedreht. Das hat ihn mental und körperlich fit gehalten. Ganz besonders gern denke ich an seinen jung gebliebenen Humor - was haben wir gelacht ...

Mein Vater war ein Genussmensch, aber nie dekadent. Er war bewusst bodenständig, frischer Spargel war sein Ein und Alles, und abends trank er gern ein gutes Glas Wein oder sein geliebtes Radeberger Bier. Auch das Reisen war ihm ausgesprochen wichtig. Da war eine große Sehnsucht, die Welt zu sehen. So unternahm er in den Siebzigerjahren mit Jutta eine Weltreise mit der *PAN AM*. Es war für ihn etwas Besonderes, als er mit und für Lange die Welt bereisen konnte. Dabei kam er in den Genuss von schönen Dingen, und er traf die Geschäftspartner weltweit. Für die war es eine große Ehre, dass »der Herr Lange« persönlich nach Japan, Singapur oder in die USA kam. Überall hat man ihn respektvoll empfangen.

Ich erinnere mich auch an gemeinsame Ausfahrten in seinem Mercedes Pagode. Er liebte Oldtimer, die Leidenschaft dafür wurde in ihm schon als Kind geweckt. Als die Pagode in den Sechzigerjahren auf den Markt kam, konnte er sich diese nicht leisten; so war es für ihn ein besonderer Moment, als er sich diesen Traum 2007 erfüllte. Neben der Pagode hatte er bereits einen Mercedes SE und unternahm gemeinsam mit Jutta herrliche Touren.

Typisch für ihn war auch seine Geselligkeit: So haben zum Beispiel 2012 meine Frau Joanna und ich in Nordirland, woher Joanna stammt, die Taufe unserer Tochter Sophie in einem typisch irischen Anwesen gefeiert. Die Gäste kamen aus Hongkong, den USA, Deutschland, Irland und so weiter - alle waren müde nach der langen Anreise. Wir saßen in der sehr geräumigen Küche, und Walter bemerkte: »Jetzt sind wir alle zusammen, ich denke, es ist Zeit für ein Glas Whiskey!« Wie immer kam er mit jedem ins Gespräch. Sprachliche Barrieren waren für ihn nie ein Thema: »Benjamin, komm mal her und übersetz das mal.« Seine freundliche und zugängliche Art half. Irgendwann wurde es eine üppige Feier, bis morgens um drei haben wir zusammengesessen. Es war wie immer, er blieb bis zum Ende.

Obwohl er sein Leben in den letzten Jahren etwas ruhiger anging, scheute er keine Mühen für Reisen, die ihm am Herzen lagen. So kam er auch 2015 wieder mit uns nach Irland, diesmal zur Taufe seines Enkels Alexander Richard Lange. Er war sehr stolz auf seine beiden Enkelkinder.

Ich erinnere mich auch an manche Schicksalsschläge: den Tod von Günter Blümlein 2001, den Verlust seiner geliebten Frau Jutta Lange 2002 oder an den nicht abwendbaren Verkauf seiner Unternehmensanteile. Für meinen Vater waren seine Unternehmensanteile auch ein Teil seiner Seele. Schließlich hatte er Lange mit aufgebaut.

Ich habe ihn dafür bewundert, wie er damit umgegangen ist. Er hatte die Fähigkeit, in allem das Positive zu sehen. Mein Vater zeigte in dieser Zeit eine sehr sensible Seite, die ich früher nicht in dieser Ausprägung wahrgenommen hatte. Unser Verhältnis wurde durch diese Ereignisse zunehmend enger.

Nach dem Verkauf der Firma gelang es ihm sehr schnell, sich wieder darauf zu besinnen, warum er dieses ganze Vorhaben des Neuaufbaus von A. Lange & Söhne eigentlich angepackt hatte. Ihm ging es um die Menschen in Glashütte, um Arbeitsplätze und um den Wohlstand der Region. Immer wieder hat er die Geschichten aus der Zeit der Wirtschaftskrisen in den Zwanziger- und Dreißigerjahren erzählt. Wie ein Mahnmal hatte er dieses rabenschwarze Bild vor Augen, als 1929 auf der Straße gegenüber der Firma die Arbeitslosen standen. Seine größte Sorge nach dem Fall der Mauer war es, dass seine Heimat wieder entgleiten und in der Armut landen würde. Deswegen war es ihm wichtig, dass es nicht nur A. Lange & Söhne gut geht, sondern auch den anderen Unternehmen in Glashütte. So besuchte er einige von ihnen regelmäßig und tauschte sich über die aktuellen Entwicklungen in Glashütte aus. Er gab auch mal Ratschläge, wie sie ihre Uhrwerke verbessern konnten. Auch das hat ihn ausgezeichnet.

Nach seinem Sturz im Dezember 2016 schien sich mein Vater von den Folgen zu erholen. Er war ein Kämpfer. Bei meinen letzten Besuchen führten wir unsere gewohnt vielseitigen und von Humor geprägten Gespräche, alles schien sich zum Guten zu wenden, und wir planten bereits die Heimreise nach Pforzheim. Als mich die Ärzte dann unerwartet über die dramatische Verschlechterung seines Gesundheitszustandes informierten und er binnen weniger Stunden verstarb, war es ein Schock für uns. Es war schwer zu akzeptieren, dass der geliebte Mensch nicht mehr zurückkommen würde.

Getröstet hat mich stets der Gedanke, dass er ein erfülltes Leben nach seinen Vorstellungen bis zum Ende aktiv und überwiegend selbstbestimmt leben konnte. Er hat sein Ziel, das Erbe unserer Vorfahren fortzuführen und wieder zum Leben zu erwecken, nie aus den Augen verloren. Dank ihm ist A. Lange & Söhne von der Legende wieder zur Uhr geworden.

Danksagung

»Niemals stehen bleiben« war das Lebensmotto von Walter Lange, das ihn bis zu seinem Ableben motivierte. Sein Leben in ein Buch zu fassen, war keine einfache Aufgabe. Viele haben geholfen und zum Gelingen der neuen Ausgabe beigetragen. Ihnen allen gilt unser Dank, insbesondere dem Econ Verlag und dessen Partnern, den Weggefährten von Walter Lange, die ihre Erinnerungen mit uns geteilt haben, Gisbert L. Brunner, Sabine Zwettler, Martin Huber, den Lektoren und Korrektoren, den Teams bei A. Lange & Söhne und natürlich Benjamin Lange.

Sach- und Fachregister

»Berggeschrey«: die sich schnell verbreitende Kunde über reiche Erzfunde. Sie führte zur raschen Entwicklung eines Bergbaureviers, wie zu Beginn des Silbererz-Bergbaus im Erzgebirge.

Berliner Treuhandanstalt: auch THA oder kurz Treuhand genannt; eine staatliche Institution, welche die Aufgabe hatte, die volkseigenen Betriebe der DDR zu privatisieren oder gar aufzulösen.

Chronograph: eine mit zusätzlichem Messwerk und separatem Sekundenzeiger (Chronographenzeiger) ausgestattete Uhr, mit der sich kurze Zeitintervalle (Stoppzeiten) messen lassen.

Chronometer: eine äußerst präzise gehende Uhr, deren Ganggenauigkeit zusätzlich durch eine externe Instanz (Prüfanstalt) nach einheitlichen Vorgaben bestätigt wird.

Dreiviertelplatine: durch Ferdinand Adolph Lange entwickelte Form der Deckplatine, die zirka drei Viertel des Uhrwerks überdeckt, sodass das Federhaus, das Kronrad und das Räderwerk darunter gelagert sind - ein Kennzeichen für hochwertige Glashütter Uhren.

Freisprechung: historische Bezeichnung für die feierliche Übergabe der Gesellenbriefe (heute Facharbeiterzeugnisse) an die Lehrlinge, die damit die Lehrzeit beenden. Freisprechen bedeutet, dass der Handwerksberuf nun ausgeübt werden kann.

Genfer Uhrensalon: größte Fachmesse für Luxusuhren in Genf. Die heutige *Watches & Wonders Geneva* (ehemals *SIHH - Salon International de la Haute Horlogerie*) ist als internationaler Salon der Uhrmacherkunst für das Fachpublikum und an bestimmten Tagen auch für die Öffentlichkeit zugängig.

Glashütter Wellenschliff: auch Bandschliff genannt. Bandartige, regelmäßige Streifen zieren die Dreiviertelplatine und die Gestellteile eines Uhrwerks. Er wird durch eine schräg gestellte, rotierende Schleifscheibe erzeugt, die in geraden parallelen Linien auf dem Werkstück entlanggeführt wird.

GUB: im Volksmund für den Glashütter Uhrenbetrieb, der 1951 aus den enteigneten Uhrenfirmen hervorging. Darunter fallen der VEB (Volkseigener Betrieb) Uhrenwerk Glashütte und Gesellschaftsformen mit dem VEB Uhrenkombinat Ruhla und dem Kombinat Mikroelektronik bis zur Umwandlung nach dem Mauerfall. Ebenso als GUB bezeichnet man die Glashütter Uhrenbetrieb GmbH, die 1993/1994 durch neue Eigentümer übernommen wurde.

»i/Sa«, I/Sa (in Sachsen): Schutzmarke für die in Glashütte hergestellten Uhren. Mindestens fünfzig Prozent der Wertschöpfung am Uhrwerk müssen in Glashütte geleistet werden.

Jahrhundert-Tourbillon Nr. 41000: eine besondere Taschenuhr von A. Lange & Söhne, um 1900 gebaut. Dieses anlässlich der Pariser Weltausstellung herausragend dekorierte, einzigartige Tourbillon ist eins von neun nachweislich verkauften. Es wurde 2022 mithilfe von Lange an das Museum Bautzen zurückgegeben, wo es 1945 bei der Evakuierung verloren ging.

Kaliber 48, Deckuhr: eine tragbare Uhr in Taschenuhrformat, die für navigatorische Zwecke bestimmt war. Solche Uhren mussten ein amtliches Zertifikat besitzen. Mit »Kaliber« wird der Uhrwerkstyp in Beziehung zu seinem Durchmesser bezeichnet.

KdF-Schiff: Kraft durch Freude. KdF war eine Massenorganisation der Nazis und damals der größte Reiseveranstalter.

Komplikation (uhrmacherisch): eine mechanische Uhr mit einer komplexen Zusatzfunktion, die über die normale Anzeige der Uhrzeit hinausgeht. Uhren mit Komplikationen sind zum Beispiel Chronographen, Jahres- oder ewige Kalender oder Tourbillons.

Lange Uhren GmbH: am 7. Dezember 1990 von Walter Lange und Günter Blümlein neu gegründetes Unternehmen, das die Markenrechte von »A. Lange & Söhne« neu anmeldete und in Glashütte in Sachsen seinen Firmensitz hat.

»**Mauerspechte**«: waren im Volksmund die Bürger, die nach November 1989 die Berliner Mauer mit Hämmern bearbeiteten und Stücke herausklopften.

Neusilber: eine Legierung aus Kupfer, Zink und Nickel mit hoher Korrosionsbeständigkeit, Festigkeit und silberähnlichem Aussehen. Nur wenige Hersteller verwenden das anspruchsvolle Material.

PAN AM: die Pan American World Airways (ursprünglich Pan American Airways) war eine 1927 gegründete US-amerikanische Fluggesellschaft mit Sitz in New York und eine der weltweit ersten, die Interkontinentalflüge anboten.

»**Probus Scafusia**«: seit 1903 der Leitspruch der International Watch Company (IWC) in Schaffhausen; ein lateinischer Ausdruck, der für »Bewährtes aus Schaffhausen« steht.

RAF: Rote Armee Fraktion; eine linksextremistische terroristische Vereinigung in der Bundesrepublik Deutschland.

Sauerbraten mit böhmischen Knödeln: ein in Sachsen beliebtes Gericht. Sauerbraten ist ein Schmorbraten, der durch mehrtägiges Marinieren in einer Beize aus Essig und weiteren Zutaten aromatisch wird; böhmische Knödel sind Semmelteigklöße, die länglich geformt sind und nach dem Garen in Scheiben geschnitten werden.

Savonette-Gehäuse: bezeichnet eine Armband- oder Taschenuhr, deren Zifferblatt durch einen Sprungdeckel über dem Uhrglas geschützt ist, der auf Knopfdruck aufspringt. Im Gegensatz zur offenen Bauform Lépine liegt die Sekundenanzeige nicht in einer Linie mit der Krone und der Aufzugswelle, sondern orthogonal bei sechs Uhr, was die Handhabung und Ablesbarkeit erleichtert.

Schwanenhalsfeinregulierung: eine technische Baugruppe bestehend aus einem Rücker mit langem Zeiger, einer Regulierschraube, die diesen Zeiger bewegt, und einer langen, geschwungenen Gegenfeder, die durch Druck ein feines Verstellen des Zeigers erlaubt. Die Schwanenhals-Feinregulierung dient entweder zur Feinstellung des Gangs oder zur Regulierung des Abfalls.

SWIZA-Wecker: seit Generationen im Schweizer Jura hergestellte Wecker. SWIZA ist eine alte traditionsreiche Marke, die seit 1904 für schweizerische Qualitätsmerkmale steht.

Tourbillon: eine Uhr, die mit einem filigranen Drehgestell ausgestattet ist, in dessen Mitte die Unruh lagert. Die Konstruktion dreht sich einmal in der Minute (in der Regel) im Uhrzeigersinn um sich selbst, hebt dabei den störenden Einfluss der Erdanziehungskraft auf und verbessert damit die Ganggenauigkeit.

Unruh: besteht aus einem Unruhreif und einer Unruhspirale und bildet damit das Schwingsystem, Durch Hin- und Herschwingen bewegt es den sogenannten Anker in das Ankerrad hinein und wieder heraus. Dieses System ist für den schrittweisen, durch den Gang der Hemmung gesteuerten Ablauf des Räderwerkes verantwortlich. Von deren Gleichmäßigkeit hängt die Ganggenauigkeit ab.

VDO Adolf Schindling AG: war ein Unternehmen, das Autotachometer herstellte. Die VDO übernahm 1978 die Uhrenmarken IWC sowie Jaeger-LeCoultre und im Jahr 1990 die Lange Uhren GmbH. Der Name VDO geht auf den Zusammenschluss mehrerer Firmen zurück (Vereinigte Deuta-Ota).

VEB Kombinat Robotron: war der größte Mikroelektronikhersteller der DDR. Die Marke »Robotron« ist ein Kunstwort aus den Wortteilen Robotik und Elektronik.

Verlagswesen: auch Verlags- und Werkstättensystem. Verlegen bzw. »Vorlegen« bedeutete, dass einem Handwerker Arbeitsmittel und Rohstoffe vorfinanziert wurden. Dieser stellte damit das regional typische Produkt her, das an den Verleger verkauft wurde, der den Weiterverkauf übernahm. Der Verleger sorgte dafür, dass der Handwerker jenes Produkt erzeugte, das er am besten beherrschte. Diese Idee übernahm F. A. Lange und spezialisierte seine Schüler für die Produktion der verschiedenen Einzelteile.

Verschraubte Goldchatons: ringförmige Metallfassungen für die winzigen Lagersteine, in denen sich die Enden der Zahnradwellen drehen. Bei Lange sind die Chatons aus Gelbgold und werden von gebläuten Schrauben gehalten.

Zeitwerk: erste digital anzeigende, mechanische Uhr von A. Lange & Söhne mit exakt springenden Ziffern. Die Zeitanzeigen werden über einen aus drei Scheiben bestehenden Sprungziffernmechanismus gelöst. Die erste »Zeitwerk« wurde 2009 eingeführt. Der Name steht heute für eine Uhrenfamilie, zu der inzwischen mehrere Modelle gehören.

Personenverzeichnis

Abdul Hamid II (Abdülhamid II.), Sultan (1842-1918): Sultan des Osmanischen Reiches (1876-1909)

Arago, François Jean Dominique (1786-1853): französischer Astronom, Physiker und Politiker

Aßmann/Assmann, Julius (1827-1886): deutscher Uhrmacher, in Glashütte als Uhrmacher und Uhrenfabrikant tätig

Baden, Markgraf Karl Friedrich von (1728-1811): Markgraf von Baden-Durlach (1738-1771), von Baden (1771-1803), außerdem Kurfürst des Heiligen Römischen Reiches (1803-1806) und erster Großherzog von Baden (1806-1811)

Biedenkopf, Prof. Kurt (1930-2021): ehemaliger sächsischer Ministerpräsident (CDU) (1990-2002), erster Ministerpräsident des Freistaates Sachsen nach der deutschen Wiedervereinigung

Biermann, Wolf (1936): deutscher Liedermacher und Lyriker, 1953 in die DDR eingebürgert, 1965 Auftritts- und Publikationsverbot, 1976 nach Auftritt in Köln ausgebürgert

Blümlein, Günter (1943-2001): Geschäftsführer der Lange Uhren GmbH, Präsident des Verwaltungsrates der »LMH«, zu der neben Lange auch die Uhrenhersteller IWC und Jaeger-LeCoultre gehören. Zuletzt Vorstandsmitglied der Compagnie Financière Richemont SA

Böhme, Friedrich: Chronometer-Uhrmacher aus London, Lehrmeister Richard Langes in den 1860er-Jahren

Cellar, Annett: eine der ersten Mitarbeiterinnen, enthüllte 1994 die Paneele der Erstkollektion im Residenzschloss Dresden

Curie, Pierre (1859-1906): französischer Physiker, Ehemann von Marie Curie, Nobelpreisträger für Physik mit Marie Curie und Henri Becquerel (1903)

Durian, Wolf (Wolfgang Walter Bechtle) (1892-1969): deutscher Journalist, Übersetzer und Jugendbuchautor

Gorbatschow, Michail (1931-2022): sowjetischer Politiker, Generalsekretär des Zentralkomitees der Kommunistischen Partei der Sowjetunion (KPdSU) (1985-1991), letzter Staatspräsident der UdSSR (1990-1991)

Großmann, Moritz (1826-1885): deutscher Uhrmacher, in Glashütte als Uhrmacher und Uhrenfabrikant tätig, Abgeordneter im königlich-sächsischen Landtag (1876)

Gutkaes, Gustav Bernhard (1817-1893): Sohn Johann Christian Friedrich Gutkaes', Schwager F. A. Langes, erster Konzessionär von F. A. Lange

Gutkaes, Johann Christian Friedrich (1785-1845): königlich sächsischer Hofuhrmacher (1842), Erbauer der Fünf-Minuten-Uhr in der Semperoper, Lehrmeister und Schwiegervater von F. A. Lange

Hauptmann, Gerhart (1862-1946): deutscher Dramatiker und Schriftsteller, bedeutendster deutscher Vertreter des Naturalismus, Nobelpreisträger für Literatur (1912)

Helwig, Alfred (1886-1974): ehemaliger Ausbilder in Glashütte (1913-1944), deutscher Feinuhrmacher und Fachautor, Erfinder des Fliegenden Tourbillons

Hertig, Charles: Inhaber der Uhrenmarken Glycine Watch SA and Altus Watch Company; Zusammenschluss der Marken 1963

Herzog, Prof. Roman (1934-2017): deutscher Jurist und Politiker (CDU), siebter Bundespräsident der Bundesrepublik Deutschland (1994-1999)

Hoffmann, Heinz (1910-1985): Armeegeneral, Mitglied des Ministerrats der DDR, Minister für Nationale Verteidigung (1961-1985)

Honecker, Erich (1912-1994): Erster Sekretär (1971-1976) bzw. Generalsekretär des Zentralkomitees der Sozialistischen Einheitspartei Deutschlands (SED) (1976-1989), Vorsitzender des Staatsrates der DDR (1976-1989)

Huber, Andreas: ehemaliger Geschäftspartner von Lange; bis 1966 Geschäftsleiter und Inhaber von Uhren Huber in München

Huber, Martin: Sohn Andreas Hubers, Fachautor und Uhrenunternehmer

Hummel, Ludwig: Mitgründer von Lacher & Co. (später Laco) im Jahr 1925

Keck, Albert (1928-2018): gelernter Uhrmacher, Konstruktionsleiter, Geschäftsführer und Aufsichtsratsvorsitzender der VDO Adolf Schindling AG; Senator e.h.

Keller, Katrin (1962): deutsche Historikerin; Forschungsgebiete: Geschichte Sachsens, Geschichte des Handwerks, Adel und Frauen der höfischen Gesellschaft

King, Jürgen (1943-2015): zum Zeitpunkt des Mauerfalls Technischer Leiter der International Watch Company (IWC)

Knothe, Hartmut (1944): ehemaliger Leiter der GUB-Betriebsberufsschule »Makarenko«, ehemaliger Geschäftsführer der Lange Uhren GmbH (1995-2006), Berater der Geschäftsführung (seit 2007)

Kurtz, Dr. Ernst (1899-1996): deutscher Jurist und langjähriger Uhrenfabrikant, Leiter der UROFA, Pionier der Glashütter Armbanduhrenindustrie

Lacher, Erich: Sohn Frieda Lachers, Leiter der Erich Lacher Uhrenfabrik (vorher Lacher & Co., Unternehmenszweig seiner Mutter)

Lacher, Frieda: Mitgründerin, Lacher & Co. (später Laco) im Jahr 1925

Lange, Benjamin (1977): Sohn von Walter und Jutta Lange, von 2003 bis 2007 für Lange tätig. Verheiratet mit Joanna Lange.

Lange, Edeltraud (1921-2018): zweite Schwester Walter Langes

Lange, Friedrich Emil (1849-1922): Sohn F. A. Langes, Geschäftsführer ab 1875, Träger des Ritterkreuzes der Französischen Ehrenlegion (1902)

Lange, Ferdinand (1922-1989): Bruder Walter Langes

Lange, Ferdinand Adolph (1815-1875): Begründer der Glashütter Uhrenindustrie, Gründer von A. Lange & Söhne, Urgroßvater von Walter Lange, Bürgermeister von Glashütte

(1848-1867), und Abgeordneter des Sächsischen Landtags (1857-1875)

Lange, Gerhard (1892-1969): jüngster Sohn Emil Langes, Mitinhaber von A. Lange & Söhne, ab 1919/1920 gemeinsam mit seinen beiden Brüdern

Lange, Otto (1878-1971): ältester Sohn Emil Langes, ab 1906 Mitinhaber von A. Lange & Söhne, ab 1919/1920 gemeinsam mit seinen beiden Brüdern

Lange, Richard (1845-1932): Sohn F. A. Langes; Erfinder und Besitzer zahlreicher Patente; ab 1868 Mitinhaber im väterlichen Betrieb, Umbenennung in A. Lange & Söhne; Geschäftsführer (1875-1887)

Lange, Rudolf (1884-1953): Sohn Emil Langes und Vater Walter Langes, Mitinhaber von A. Lange & Söhne, ab 1919/1920 gemeinsam mit seinen beiden Brüdern

Lange, Sylvia (1918-1929): älteste Schwester Walter Langes, an Walter Langes fünftem Geburtstag verstorben

Lehmann, Gustav Adolph: königlicher Justizamtmann in Dippoldiswalde (um 1845)

Marrison, Warren (1896-1980): Erfinder der Quarzuhr

May, Jutta (1925-2002): langjährige Ehefrau Walter Langes, in Mühlbach nahe Glashütte aufgewachsen

Meis, Reinhard (1940-2023): deutscher Uhrmacher und Sachbuchautor, Uhrenexperte in der Geschichte der Glashütter Taschenuhren, bis 2004 Konstrukteur für Lange

Müller, Louis: Uhrmacher zur Zeit Ferdinand Adolph Langes

Pantli, Hannes (1942): Marketing- und Vertriebschef bei IWC und Mitglied im Verwaltungsrat von IWC (bis 2002)

Ponto, Erich (1884-1957): deutscher Schauspieler und Intendant des Dresdner Schauspielhauses (1945/46)

Rau, Johannes (1931-2006): deutscher Politiker (SPD), achter Bundespräsident der Bundesrepublik Deutschland (1999-2004)

Reichel, Frank (1942): nach 1989 erster frei gewählter Bürgermeister in Glashütte

Rohwedder, Dr. Detlev Karsten (1932-1991): ehemaliger Präsident der Treuhandanstalt

Schneider, Adolf (1824-1878): Schüler von F. A. Lange bei Gutkaes, Unterstützer Langes bei Aufbau der Produktion in Glashütte, später eigene Firmengründung (1848); Bürgermeister von Glashütte (1867)

Schumann, Robert (1810-1856): deutscher Komponist, Musikkritiker und Dirigent der Romantik, in Dresden tätig

Semper, Gottfried (1803-1879): deutscher Architekt und Kunsttheoretiker; Vertreter des Historismus, insbesondere der Neorenaissance; Mitbegründer der modernen Theaterarchitektur; Architekt der Semperoper in Dresden

Sirikit, Königinmutter (1932): ehemalige Königin von Thailand (1950-2016), im Jahr 1995 bei Lange zu Besuch

Strauss, Richard (1864-1949): deutscher Komponist, Dirigent und Theaterleiter der Spätromantik

Thälmann, Ernst (1886-1944): deutscher Politiker in der Weimarer Republik, Vorsitzender der Kommunistischen Partei Deutschland (KPD) (1925-1933)

Teuber, Irma: Mitschülerin von Walter Lange während der Volksschulzeit; ihr Briefkasten war 1990 der erste Firmensitz der Lange Uhren GmbH

Vissière, Simon (1822-1887): französischer Chronometer-Uhrmacher, Schüler Winnerls, Lehrmeister Richard Langes

Vogel, Erich: Mitarbeiter bei A. Lange & Söhne, vom FDGB nach der Enteignung 1948 ernannter Betriebsleiter

Wagner, Richard (1813-1883): deutscher Komponist, Schriftsteller, Theaterregisseur und Dirigent der Romantik, wirkte in Dresden

Weber, Carl Maria von (1786-1826): deutscher Komponist, Dirigent und Pianist der Romantik, wirkte in Dresden

Weissenbach, Karl Gustav Adalbert von (1797-1846): sächsischer Geheimer Regierungsrat zu Zeiten F. A. Langes,

Bergmeister und Mineraloge, führte ab 1843 die Gründungskorrespondenz mit F. A. Lange

Wilhelm II., Kaiser (1859-1941): letzter Deutscher Kaiser und König von Preußen (1888-1918)

Winnerl, Joseph Thaddäus (1799-1886): Uhrmachermeister aus Österreich, ab 1837 Lehrmeister von F. A. Lange in Paris